PRÉCIS
DE
GÉOGRAPHIE
DES
ÉTATS DE L'EUROPE
ACTUELLE,

PAR E. SOULIER (DE SAUVE),
Professeur, Membre de plusieurs Sociétés savantes,

SPÉCIALEMENT DÉDIÉ
POUR
L'ATLAS ÉLÉMENTAIRE SIMPLIFIÉ,
ADOPTÉ PAR LE CONSEIL ROYAL DE L'INSTRUCTION PUBLIQUE.

TROISIÈME SÉRIE
GÉOGRAPHIE PARTICULIÈRE DES ÉTATS DE L'EUROPE.

Paris,
J. ANDRIVEAU-GOUJON, ÉDITEUR,
RUE DU BAC, N° 6.
1839

PRÉCIS

DE

GÉOGRAPHIE

DES

ÉTATS DE L'EUROPE ACTUELLE.

PRÉCIS

DE

GÉOGRAPHIE

DES

ÉTATS DE L'EUROPE
ACTUELLE,

PAR E. SOULIER (DE SAUVE),
Professeur, Membre de plusieurs Societes savantes,

SPÉCIALEMENT RÉDIGÉ

POUR

L'ATLAS ÉLÉMENTAIRE SIMPLIFIÉ,

ADOPTÉ PAR LE CONSEIL ROYAL DE L'INSTRUCTION PUBLIQUE.

TROISIÈME SERIE.

Paris,

J. ANDRIVEAU-GOUJON, EDITEUR,

RUE DU BAC, Nº 6.

1839.

PARIS. — IMPRIMERIE DE FAIN ET THUNOT,
rue Racine, 4, place de l'Odéon.

PRÉCIS

DE

GÉOGRAPHIE

DES ÉTATS DE L'EUROPE ACTUELLE.

MONARCHIE NORVÉGIÉNO-SUÉDOISE.

SITUATION.

Cette monarchie qui se compose principalement du *royaume de Suède* et du *royaume de Norvége*, occupe presque toute la VASTE PRESQU'ÎLE SCANDINAVE renfermée entre la mer Glaciale, l'océan Atlantique et la mer Baltique. Elle s'étend surtout du sud-ouest au nord-est, et offre les contrées les plus septentrionales de l'Europe. — Elle est comprise entre le 2ᵉ degré et le 30ᵉ degré de longitude orientale de Paris ; et entre le 55ᵉ degré et le 71ᵉ degré de latitude boréale.

LIMITES.

Cette monarchie est bornée :

Au nord, par l'Océan glacial arctique ;

A l'ouest, par l'océan Atlantique et la mer du Nord ;

Au sud, par le Skager-Rack, le Cattégat, le détroit du Sund et la mer Baltique ;

A l'est, encore par la mer Baltique, le golfe de Botnie, et l'empire russe dont elle est séparée par la Tornéa et son affluent le Muonio, et par le Tana.

MERS, GOLFES ET DÉTROITS.

L'Océan glacial arctique forme au nord le *golfe Waranger*, et ceux de *Tana*, de *Laxe* et de *Porsanger;* — à l'ouest, le *golfe occidental* entre les îles Loffoden et le Norrland.

L'Océan Atlantique et sa dépendance, la mer du Nord, forme le *golfe de Folden* au nord-est des îles Trondhiem ; — le *golfe de Sogne* vers les îles Bergen ; et celui *de Bukke* près de Stavanger, plus au sud.

Le Skager-Rack s'enfonce au nord et donne naissance au *golfe de Christiania;* le Cattégat communique avec la mer Baltique, par le fameux *détroit du Sund;* on sait déjà que la mer Baltique forme, au nord, le *golfe de Botnie*, divisé en deux parties par le large *détroit de Quarken.*

CAPS.

Les principaux caps appartiennent tous à la Norvége ; voici les principaux : le cap Nord, le plus fameux de tous ; il est à la pointe septentrionale de l'île Maggeroë dans l'Océan glacial arctique ; — ceux qui se trouvent sur les côtes du continent, sont : — le *cap Kong*; — et le *cap Nord-Kynn*, le plus septentrional du continent européen ; — au sud ouest, le *cap Lister* et le *cap Lindesness* à l'entrée du Skager-Rack.

ILES.

1° Dans l'Océan glacial arctique :

Les îles Tromsen dont les principales sont *Maggeroe*, *Soroe* si bizarrement découpée, et *Hual-Oen*; — les îles Loffoden où l'on remarque *Seujen*, *Andaoèn*, *Langoen*, *Hindoèn*, la plus grande de toutes; *Ost-Vaagen*, rendez-vous des pêcheurs, et *Vest-Vaagen*.

2° Dans l'océan Atlantique :

Les îles Trondhiem ou de Drontheim ; les plus grandes sont : *Frojen*, *Hitteren*, *Smolen*; — les îles de Bergen toutes fort petites.

3° Dans la mer Baltique :

A l'entrée du Sund, la petite île d'*Hwen*, célèbre par l'observatoire de Tycho-Brahé ; — Oland, qui s'étend beaucoup en longueur près des côtes de Calmar : son chef-lieu est *Borgholm*, sur la côte occidentale ; — Gothland, la plus considérable de toutes les îles de la monarchie suédoise ; son chef-lieu est *Wisby*, à l'ouest.

PENTES ET FLEUVES.

Les fleuves qui arrosent la monarchie norvégiéno-suédoise, appartiennent aux trois pentes du versant européen du nord-ouest (voyez première série, page 104-109), savoir : pente de l'océan Atlantique ; pente de la mer Baltique ; pente de l'océan Glacial du nord.

1° Pente de l'océan Atlantique.

Cette longue pente comprend la plus grande partie de la Norvége, depuis le cap Lister jusqu'au cap Nord-Kynn ; on n'y trouve que des courants d'eau peu considérables, les plus remarquables sont :

Le *Sundals* qui coule à l'ouest vers *Christiansund;*

Le *Versen*, qui baigne à son embouchure *Alstahang*,

Et l'*Alten*, le plus considérable de tous, qui court au nord vers *Altengaard.*

2° Pente de l'océan Glacial du nord.

Elle ne comprend qu'une très-petite partie de la Laponie norvégienne ; on y trouve :

Le *Tana*, formé de la réunion du *Karasjoki* et du *Enare-Joki*, il coule au nord dans le golfe de Tana ; c'est le fleuve le plus septentrional de l'Europe.

Le *Paljoski* qui se rend dans le golfe de Waranger.

3° Pente de la mer Baltique.

Cette pente, la plus considérable de toutes, embrasse toute la Suède et une portion considérable de la Norvége.

Les fleuves principaux qu'on y trouve, sont en allant du nord au sud : — La *Tornéa* qui sort du *lac* de ce nom, passe à *Jukas Jerfoi*, à *Piajala Capelle* où elle reçoit à gauche le *Muonio*, puis à *Carl-Gustaf;* — le reste de son cours appartient à la Russie et elle débouche dans le golfe de Botnie à Tornéa.

Le *Kalix*, qui communique par un bras naturel avec la Tornéa et passe à *Of Kalix;* presque sous le cercle polaire arctique,

La *Luléa*, qui traverse la longue série des lacs *Stora*, *Luléa*, *Walluen*, et se jette dans le golfe de Botnie, à *Luléa;* — elle reçoit à droite, le *Skalkajar*, qui traverse aussi plusieurs lacs, et passe à *Jockmeck*, située sous le cercle polaire arctique;

La *Pitéa*, qui vient du lac Tiakelvas, et baigne *Pitéa*, à son embouchure;

Le *Skelleftéa*, qui sort des grands lacs *Horn Afvan* et *Stor Afvan;*

L'*Uméa*, qui traverse le *Stor Umea*, arrose *Uméa*, à son embouchure, et reçoit à gauche le *Vindel*, qui passe à *Sorsele;*

L'*Angerman*, qui passe à *Asele*, et débouche à *Hernosand*, dans le golfe de Botnie;

L'*Indals*, formé de l'*Apnussjo*, et d'une autre branche, la *Ragunda*, qui traverse plusieurs grands lacs, et passe à *Ostersund;*

La *Njurunda*, qui se jette aussi dans le golfe de Botnie, à *Sundswall*, et se nomme *Ljusna*, dans son cours supérieur;

La *Liusna*, ou *Mill*, qui passe à *Hede*, et débouche à *Soderhamn;*

Le *Dal*, fleuve considérable, qui passe à *Hedmora*, et se jette dans le golfe de Botnie, par une large et profonde embouchure; il est formé de l'*Oster-Dal*, et du *Wester-Dal;*

L'*Amm*, qui débouche dans la mer Baltique, en face de l'île d'Oland;

La *Clara*, qui sort du *lac Fœmund*, et se jette dans le lac *Wener*, à *Carlstadt* : à sa sortie de ce lac, vers *Wonersborg*, elle prend le nom de *Gotha*, et débouche dans le Cattégat, à *Gothembourg* : c'est le fleuve le plus considérable de la Suède;

Le *Glommen*, qui prend sa source vers *Roraas*, et passe à *Hof* : il se jette dans le Skager-Rack : c'est le plus grand fleuve de la Norvége; —il reçoit, à droite, le *Gullbrands*, qui passe à *Biri*, et traverse le *lac Miosen* ;

La *Beina*, qui passe à *Modum*, et se jette dans le golfe de Christiania;

Le *Lowen* ; — et le *Mandal*, qui passe à *Christiansand* : ces deux fleuves se jettent dans le Skager-Rack.

Parmi ces fleuves nombreux, il faut surtout se rappeler : le Tana, la Tornéa, l'Uméa, la Skelleftéa, l'Indals, la Liusna, le Dal, la Clara, et le Glommen.

MONTAGNES.

Nous avons vu, dans la description générale de l'Europe (première série, page 115), que la longue et haute chaîne des Alpes Scandinaves, traverse du sud au nord, toute la monarchie norvégiéno-suédoise. — Cette chaîne, suivant les pays qu'elle parcourt, reçoit diverses dénominations, ainsi :

Dans la partie méridionale de la Norvége,

entre le Sondenfields, et le Nordenfields, on la nomme. *Hardangerfield*, *Sognefield*, et surtout MONTS DOVER ou DOFRINES, entre la source du Glommen, et de son principal affluent, le Gulbrands.

Plus au nord, entre la Suède et la Norvége, dans le Nordanden, on trouve le *Lang-Field*, les *monts Kolen* ou *Kioel*, et plus au nord encore les *monts de Laponie*.

Le point culminant de toute cette vaste chaîne, le *Skagstlos-Tind*, dans les monts Dover, atteint 1,313 toises de hauteur, au-dessus du niveau des mers. (Voyez la carte d'Europe.)

LACS.

La Norvége et la Suède ont un grand nombre de lacs, mais les plus considérables sont dans ce dernier royaume. Voici les plus remarquables :

Du nord au sud.

Le lac *Tornéa;* celui de *Luléa;* ceux de *Horn Afvan* et de *Stor Afvan*, qui communiquent entre eux ; de *Kalls* et de *Storsjon;* de MELAR, à l'ouest de Stockholm ; le LAC WETTER, et le LAC WENER, le plus grand de tous : tous ces lacs sont en Suède.

Dans la Norvége, nous ne citerons que le *lac Miosen*, traversé par le Gullbrands.

CLIMAT.

Le climat de la grande presqu'île Scandinave, dont les côtes présentent de si étranges dentelures, est généralement froid à cause de sa haute latitude : sa partie septentrionale s'étend au delà du cercle polaire arctique. — A *Stockholm*, les plus longs jours sont de dix-huit heures et demie environ ; — à *Jockmeck*, et à *Kalix*, sous le cercle polaire, le soleil, au solstice d'été, reste *vingt-quatre heures*, ou un jour entier sur l'horizon ; enfin, vers *Altengaard*, sous le 70° degré de latitude nord, le soleil reste plus de deux mois au-dessus de l'horizon. Partout, l'hiver est long et rigoureux ; l'été court et agréable. En Suède, l'automne est beau, en Norvége, au contraire, les vents de l'Atlantique soufflent avec violence pendant cette saison, et de terribles ouragans règnent sur les côtes occidentales. Le printemps est très-court, et c'est la saison la plus triste de tous ces pays.

La température est plus douce dans la Norvége méridionale, et dans la partie sud-ouest de la Suède, parce que les monts Dover garantissent ces contrées contre le vent du nord.

La pente orientale est froide, et au delà du cercle polaire le mercure gèle souvent. — La côte occidentale éprouve un hiver moins rigoureux ; mais le climat y est moins salubre, et les pluies ou la neige y sont fréquentes.

MINÉRAUX.

Les principales richesses minérales de la monarchie suédoise sont ses abondantes mines de *fer*, de *cuivre*, de *plomb*, et d'*argent* : on y rencontre aussi des pierres précieuses. Les plus abondantes de ces mines se trouvent en Norvége, qui fournit aussi du *charbon* et du *sel*.

VÉGÉTAUX.

La partie la plus méridionale de la péninsule scandinave produit du *froment* et d'autres grains, des *pommes de terre*, et des *fruits ;* on y recueille aussi du *lin*, mais en petite quantité. Vers le nord, on ne cultive plus avec succès qu'un peu de *seigle* et des pommes de terre. Partout, dans la partie du sud et du centre, on trouve de nombreuses et belles *forêts*, qui fournissent à l'étranger, des mâts, des poutres et des planches.

ANIMAUX.

Les *chevaux* de la Suède et de la Norvége sont estimés : ils sont très-petits, mais ardents et infatigables. On y trouve quelques troupeaux de *bœufs* et de *moutons*. — Parmi les animaux sauvages, il faut citer : l'*ours*, le *loup*, le *lynx*, la *loutre*, le *glouton* et le *castor*. Partout, le long des côtes, la pêche est abondante.

DIMENSIONS, SUPERFICIE, POPULATION.

Plus grande longueur, depuis *Falsterbo*, au sud-ouest, jusqu'au cap *Nord-Kynn*, au nord-est, 430 lieues;

Plus grande largeur, depuis *Stadtland*, à l'ouest, vers les îles Bergen, jusqu'à *Stockholm*, à l'est, 180 lieues;

Superficie totale, 38,713 lieues carrées, savoir: pour la Suède 22,047, et pour la Norvége 16,666 lieues carrées.

La *population totale absolue* est de 3,866,000 âmes, ce qui donne pour *chaque lieue carrée*, près de 100 habitants seulement.

Dans cette population totale, la Suède compte pour 2,800,000 habitants, et la Norvege pour 1,050,000.

Il faut ajouter 16,000 âmes qui se trouvent dans l'île *Saint-Barthélemy*, aux petites Antilles, dont la superficie est d'un peu moins de *huit lieues carrées*.

RELIGION.

Tous les cultes chrétiens sont librement professés dans la monarchie norvégiéno-suédoise. Cependant le *luthéranisme* est la religion dominante de l'état et celle du souverain. Il y a un petit nombre de *calvinistes* et de *catholiques romains*; très peu de *juifs* en Suède; aucun en Norvége, où on ne les souffre pas. Dans la Laponie on rencontre quelques *idolâtres.*

GOUVERNEMENT.

Quoique sous un même roi, la Suède et la Norvége forment chacune un royaume séparé qui a ses lois particulières ; mais dans ces deux royaumes le *gouvernement* est *monarchique-constitutionnel.*

INDUSTRIE ET COMMERCE.

La principale branche d'industrie et de commerce de ces deux royaumes sont les fabriques d'*acier,* de *glaces,* et d'*étoffes* encore peu estimées : lès manufactures sont en petit nombre. Il se fait une exportation considérable de *fer* et de *cuivre,* et surtout de *bois* pour la construction des vaisseaux.

DIVISIONS ET TOPOGRAPHIE.

Nous allons présentement indiquer les principales divisions de la Suède et de la Norvége en deux tableaux, qui feront connaître en même temps les villes les plus remarquables de chacun de ces deux royaumes.

SUÈDE.

Ce royaume se divise en trois grandes régions géographiques qui forment entre elles vingt-quatre *läns* ou gouvernements, qu'on peut voir dans la carte, et dont nous présentons ici le tableau. Nous avons eu soin d'indiquer dans chaque gouvernement, outre le chef-lieu, la ville la plus remarquable.

Du sud au nord.

	Gouvernements.	*Chefs-lieux.*	*Villes remarquables.*
GOTHIE.	Malmohus.	Malmo.	Helsingborg.
	Christianstadt. . .	Christianstadt,	Cimbrishamn.
	Blekinge.	*Carlscrona.*	Carlshamn.
	Calmar.	*Calmar.*	Borgholm.
	Kronoborg.	Wexio.	
	Halmstadt	Halmstadt.	
	Jonkoping . . .	Jonkoping.	
	Elfsborg.	Wenersborg.	Boras.
	Gotheborg.	GOTHEMBOURG.	
	Skaraborg	Mariestadt.	Skara.
	Linkoping	Linkoping.	Norrkoping.
	Gothland (île de).	Wisby.	
SUÈDE PROPRE.	Nykoping.	Nykoping.	
	Stockholm.	STOCKHOLM.	
	Upsala.	*Upsala.*	
	Westeras. . .	Westeras.	Sala.
	Orebro. . . .	Orebro.	Nora.
	Carlstadt.	*Carlstadt.*	Christinehamn.
	Stora-kopparber	Falun.	Hedmora.
	Gefleborg. . . .	Gefleborg ou Gefle.	Soderhamn.
NORRLAND.	Jamtland	Ostersund.	Hede.
	Wester Norrland.	Hernosand.	Sundsvall.
	Wester Botten. . .	Umea.	Assele.
	Norr Botten. . .	Pitea.	Lulla.

TOPOGRAPHIE.

1° *Dans la Gothie.*

Malmo, avec 8,000 âmes, port florissant, sur le détroit du Sund;

Helsingborg, petite ville célèbre par la beauté de son port artificiel : elle est aussi sur le Sund;

Gothembourg, ou Gotheborg sur le Cattégat, ville considérable et bien bâtie : c'est la seconde de la Suède, et sa population s'élève à 27,000 habitants;

Linkoping, avec une belle cathédrale; — et tout près, *Norrkoping*, ville très-commerçante et manufacturière,

Jonkoping, siége d'une cour royale, mais très-petite ville;

Carlscrona, la plus forte ville de la Suède, et 12,000 habitants;

Calmar, si célèbre dans l'histoire de la Suède : elle a une belle cathédrale.

2° *Dans la Suède propre.*

STOCKHOLM, capitale de la Suède et de toute la monarchie norvégiéno-suédoise · c'est une belle ville, bâtie à l'entrée du lac Melar, qui y forme un port vaste et sûr. On y remarque le palais du roi, plusieurs églises, et d'autres édifices publics : elle possède un grand nombre d'établissements scientifiques et littéraires, et l'on y compte au delà de 80,000 âmes;

Upsala, petite ville si fameuse par son université et par sa magnifique cathédrale, la plus belle de toute la Suède;

Sigtuna, un peu au sud d'Upsala : elle est remarquable par ses antiquités odiniques ;

Gèfle, port commerçant, sur le golfe de Botnie ; — et *Falun*, petite ville remarquable par ses riches mines de cuivre ;

Carlstad, petite ville, bâtie sur le lac Wener, importante par ses foires considérables et par ses établissements scientifiques.

3° *Dans le Norrland.*

Hernosand, très-petite ville, située à l'embouchure de l'Angerman : elle fait un commerce considérable ; — enfin, *Umea* et *Pitea*, qui ne sont guère que des villages.

Il faut surtout se rappeler : *Stockholm*, *Gothembourg*, *Carlscrona*, *Calmar*, et *Upsala*.

NORVÉGE.

La Norvége est aussi divisée en trois grandes parties qui forment dix-sept bailliages. En voici le tableau.

Du sud au nord :

	Bailliages.	Chefs-lieux.	Villes remarquables.
SONDENFIELDS.	Stavanger. . . .	Stavanger.	
	Mandal.	Christiansand.	
	Nedenœss	Arendal.	
	Brasberg.	Skeen.	Langesund.
	Buskerud.	Modum.	
	Jarlsberg. . . .	Tondsberg.	
	Smaalehnene. .	Moss.	Frederikstad.
	Aggershuus. . .	CHRISTIANIA.	
	Christian	Biri.	
	Hedemarken . .	Hof.	
NORDENFIELDS.	Sondre-Bergenhuus.	Bergen.	
	Nordre-Bergenhuus.	Leganger.	Vug.
	Romsdal	Christiansand.	Molde.
	Sondre - Trondhiem	Trondhiem ou Drontheim.	Roraas.
	Nordre - Trondhiem.	Levanger.	
NORDLANDENS.	Nordland.	Bodoë.	
	Finmarken. . . .	Tromsoe.	Altengaard.

TOPOGRAPHIE.

1° *Dans le Sondenfields.*

CHRISTIANIA, capitale du royaume de Norvége : c'est une ville assez considérable, bâtie au fond du golfe de ce nom ; elle compte 21,000 habitants ; — *Modum*, avec une riche mine d'argent ; — *Frederikstad ;* — *Christiansand ;* — et *Stavanger*, petites villes, mais ports très-commerçants.

2° *Dans le Nordenfields.*

Bergen, avec une population égale à celle de Christiania : cette ville, l'une des plus anciennes de la Norvége, a un excellent port, mais l'entrée en est difficile ; — *Trondhiem* ou *Drontheim*, avec 12,000 âmes : elle possède un bon port, et c'est la troisième ville de la Norvége.

3° *Dans le Nordlandens.*

On remarque : *Bodoe, Tromsoe* et *Altengaard* : toutes ces petites villes sont situées au delà du cercle polaire, dans la zône glaciale du nord.

Ainsi, on trouve en Norvége seulement trois villes un peu considérables : — Christiania, Bergen et Trondhiem.

MONARCHIE DANOISE.

SITUATION ET LIMITES.

Cette monarchie se compose : — 1° du *Danemarck et de ses îles ;* — 2° des *îles Fœroe* dans l'Océan atlantique ; — 3° de l'*Islande* vers le cercle polaire arctique : cette dernière île dépend physiquement de l'Amérique septentrionale (voy. 1re série pages 96 et 257, et aussi la carte d'Europe).

Le royaume de Danemarck proprement dit est situé au sud de la grande presqu'île Scandinave. Il est borné :

A l'*ouest*, par la mer du Nord,

Au *nord*, par le Skager-Rack ;

A l'*est*, par le Cattégat, le détroit du Sund, la mer Baltique, et le Mecklenbourg ;

Au *sud*, par la république de Hambourg et par le Hanovre.

GOLFES ET DÉTROITS.

Les côtes du Danemarck et de ses îles offrent un grand nombre de golfes et de baies, la plupart peu considérables, à l'exception du *golfe de Lym* dans la partie septentrionale du Jutland.

Sur les côtes de l'Islande on trouve les golfes de *Skagestrand*, de *Brède*, et de *Faxe*.

Les principaux détroits sont : — le *Sund*, le

plus fameux entre la Suède et l'île de Seeland ; — le *Grand-Belt*, entre l'île de Seeland et celle de Fionie ; — le *Petit-Belt*, entre l'île de Fionie et le Jutland.

PRESQU'ILES.

Le *Jutland*, qui forme la partie continentale du Danemarck, est la seule presqu'île de cette monarchie.

CAPS.

Les principaux sont : — le *cap Skagen* au nord du Jutland ; — et en Islande, le *cap Langanes* à l'est, le *cap Nord* à l'ouest, tous deux situés vers le cercle polaire ; et au sud-ouest le *cap Reikianæs*.

ILES.

Les îles les plus remarquables de la monarchie danoise sont :

1° *Dans la mer Baltique.* — En allant de l'est à l'ouest : — *Bornholm*, *Moen*, *Falster*, *Laland*, *Lange-Lande*, *Fionie* et *Seeland*, qui sont les deux plus grandes.

2° *Dans la mer du nord.* — Sur la côte occidentale du Jutland un grand nombre de petites îles, parmi lesquelles nous ne citerons que celle de *Sylt* dont la configuration est si bizarre.

3° *Dans l'océan Atlantique.* — Les *îles Færoe* dont les deux plus grandes se nomment *Stromoe* et *Osteroe* ; — et l'*Islande*, la plus considérable de toutes les îles danoises.

FLEUVES, CANAUX.

Nous ne nommerons, dans le Jutland, que :

L'*Eyder*, petit fleuve qui arrose *Kiel* à son embouchure dans la mer Baltique ;

La *Trave*, qui se jette dans la même mer ; — et l'*Euler*, qui coule à l'ouest dans la mer du Nord ;

L'*Elbe*, comme nous l'avons vu, sépare le Danemarck du Hanovre. C'est entre l'Eyder et l'Euler qu'on voit le *canal de Schleswig-Holstein* qui fait communiquer la mer Baltique avec la mer du Nord.

L'Islande est arrosée par un nombre considérable de rivières et de fleuves, les principaux sont :

Le *Jokuls ;* — le *Skalfanda ;* — et l'*Eyafardar* qui passe à *Madruval* : ils se jettent tous au nord dans l'océan Glacial arctique.

MONTAGNES.

L'Islande est la seule partie du royaume qui offre des montagnes assez considérables, et parmi lesquelles nous devons surtout citer le fameux *volcan de l'Hekla*, dans la partie méridionale de l'île.

CLIMAT ET PRODUCTIONS DES TROIS RÈGNES.

Le *climat* du Danemarck est en général froid et humide. On n'y connait guère que deux saisons, l'été qui est très-court, et l'hiver qui es long et très-rigoureux, principalement dans la partie septentrionale du Jutland : on passe très-souvent en hiver le Sund et les Belts en patinant sur la glace.

Le Danemarck produit du *seigle*, de l'*avoine*, de l'*orge*, du *froment* et beaucoup de *légumes;* la partie orientale présente quelques *belles forêts*; et à l'ouest s'étendent dans les basses plaines d'*excellents pâturages* qui nourrissent deux *races de chevaux* de trait et de selle, fort estimées. Les *bœufs* du Holstein sont recherchés, et tout le monde connaît les *chiens danois* de la grande et de la petite espèce. On y trouve un peu de *fer.*

En Islande, le froid est encore plus vif et l'on n'y compte aussi que deux saisons, l'été et l'hiver. On y voit un grand nombre de montagnes volcaniques, de sources d'eaux bouillonnantes et lancées dans les airs à une grande hauteur, des terrains couverts de lave, et des ruisseaux de soufre et de boue brûlante, des gouffres et des cavernes admirables et plus de trente cratères remarquables Mais le sol de cette île est généralement stérile et les fruits y mûrissent rarement. On y trouve de *petits chevaux*, des *boucs sauvages*, des *bœufs* et des *moutons*, etc. Et il y a quelque peu de *fer*, de *cuivre*, de *plomb* et beaucoup de *soufre.*

SUPERFICIE, POPULATION.

La *superficie* du royaume de Danemarck sans y comprendre les îles Fœroe et l'Islande, est évaluée à 2,864 lieues carrées environ. — Sa *population absolue* est, d'après Balli, de 1,950,000 âmes, ce qui donne pour chaque lieue carrée à peu près 680 habitants.

Les autres possessions du Danemarck, les *îles Fœroe*; l'*Islande*; le *Groenland* (page 258, 273, et 274. 1re série); les îles *Sainte-Croix*, *Saint-Thomas* et *Saint-Jean* dans les petites Antilles; les *îles de Nicobar* (voy. la carte d'Asie), les villes de *Tranquebar* et de *Sirampour* dans l'Inde; et quelques petites villes dans la Guinée septentrionale, forment, réunies au Danemarck proprement dit, une superficie de 59,197 lieues carrées et une population totale de 2,125,000 âmes.

RELIGION, GOUVERNEMENT.

Le luthéranisme est la religion dominante du Danemarck, mais l'on y trouve aussi des *juifs* et quelques *catholiques romains*. Le gouvernement est une *monarchie absolue*, excepté pour quelques provinces.

INDUSTRIE ET COMMERCE.

L'*industrie* de ce royaume doit faire encore de grands progrès pour se trouver au niveau de celle des premiers états de l'Europe; mais son commerce, si puissamment favorisé par sa position, est considérable et florissant, malgré les pertes immenses que le Danemarck a éprouvées dans les premières années de ce siècle et vers la fin du règne de Napoléon. Le commerce de commission surtout est fort considérable. Les trois villes les plus commerçantes sont : Copenhague, Altona et Elseneur.

DIVISIONS ET TOPOGRAPHIE.

Nous diviserons d'une manière générale le Danemarck en cinq parties principales, ainsi que l'indique le tableau suivant :

	Divisions.	*Chefs-lieux.*	*Villes remarquables.*
PRESQU'ILE DU JUTLAND.	Le Jutland....	Viborg.	Aalborg; Aarhus.
	Le duché de Schleswig.....	Schleswig.	*Flensberg.*
	Le duché de Holstein....	Kiel.	ALTONA.
	Le duché de Lauenbourg.	Lauenbourg.	Ratzeburg.
LES ILES	(de la mer Baltique).	COPENHAGUE (*Seeland*).	Elseneur; — Odense (*Fionie*).

REMARQUE. Comme le *Holstein* et le *Lauenbourg* font partie de la confédération germanique, nous renvoyons leur description plus détaillée à la carte des états secondaires de l'Allemagne, dressée sur une échelle plus grande.

TOPOGRAPHIE.

COPENHAGUE, capitale de toute la monarchie danoise, grande et superbe ville, bâtie sur le détroit du Sund, dans l'île de Seeland : on y compte au delà de 112,000 habitants et elle possède un port magnifique où stationne ordinairement la flotte royale. Nulle ville de l'Europe septentrionale n'offre autant d'établissements scientifiques et littéraires Elle se distingue encore par sa régularité et la beauté de ses nombreux monuments publics. Elle fait un commerce considérable.

Les autres villes remarquables du Danemarck, sont :

Altona, sur l'Elbe, avec 27,000 âmes; — Flensberg, port considérable du Jutland, dans le duché de Schlewig, sur la mer Baltique : on y compte 16,000 habitants ; — *Elseneur*, sur le détroit du Sund : c'est là que les navires marchands de toutes les nations doivent payer un droit au Danemarck, pour traverser le détroit.— Toutes les autres villes sont peu considérables et nous les avons indiquées dans le tableau des divisions.

Dans l'Islande, nous nommerons *Reikiavik*, *Skalholt* et *Madruval*, très-petites villes.

Ainsi, nous avons à retenir comme principales villes du Danemarck : — Copenhague, Altona et Flensberg.

EMPIRE RUSSE.

ÉTENDUE ET SITUATION.

Ce vaste empire embrasse, de l'ouest à l'est, plus de 215 degrés de longitude, depuis le 14e degré de longitude orientale, jusqu'au 130e degré de longitude occidentale de Paris ; — et il est compris entre le 40e degré jusqu'au 80e degré de latitude nord.

Ainsi du nord au sud il s'étend depuis le Spitzberg jusqu'au mont Ararat, et de l'ouest à l'est, depuis la Vistule au centre de l'Europe, jusqu'au delà du mont Saint-Elie, en Amérique, comprenant de cette manière toute l'Asie septentrionale. Ainsi le soleil éclaire toujours quelques contrées de cette immense domination.

C'est pour mieux juger de son étendue que nous avons tracé dans l'une de ces cartes l'ensemble de l'EMPIRE RUSSE formé de trois parties principales ; savoir :

La RUSSIE D'EUROPE à l'ouest, comprenant le royaume de Pologne et cherchant à soumettre la CIRCASSIE ;

La RUSSIE D'ASIE appelée aussi *Sibérie;*

L'AMÉRIQUE RUSSE, bien moins importante et située à l'est au delà du détroit de Béhring.

Nous avons déjà décrit l'Amérique russe (page 252 et suivantes, première série), et la Russie asiatique (première série, page 159 et suivantes.) C'est pourquoi nous n'ajouterons à *cette dernière seulement* que quelques détails sur l'*hydrographie* et sur les *divisions administratives*.

L'empire russe est borné

Au *nord*, par l'océan Glacial arctique;

A l'*ouest*, par la Suède, la Prusse, l'Autriche et la Turquie d'Europe;

Au *sud*, par la mer Noire, la Turquie d'Asie, la mer Caspienne, le Turkestan, l'empire chinois et le grand Océan;

A l'*est*, par la Nouvelle Bretagne ou l'Amérique anglaise du nord.

MERS, GOLFES, DÉTROITS, ETC.

L'océan Atlantique forme la MER BALTIQUE, dans laquelle on trouve sur les côtes de la Russie d'Europe le *golfe de Livonie*, le *golfe de Finlande* et celui de *Botnie*;

L'océan Glacial du nord forme la MER BLANCHE dans laquelle on peut remarquer les *golfes de Kandalaskaia*, d'*Onegskaia* et de *Dwinskaia*; — puis le *golfe Tcheskaia*; — plus à l'est, les *détroits de Kara* et de *Waigatz*, par lesquels on entre dans la MER DE KARA, dans laquelle on trouve aussi les *golfes de Kara* et d'*Erouvei*; — plus loin encore, en Asie, l'océan Glacial arctique forme les *golfes profonds de l'Ob* et de *Tazovskaia*; — puis ceux de *Iénisséi* et de *Khatanghe*; — et encore beaucoup plus à l'est, la *baie de Kolyma* et le *golfe de Tchaounskaia*.

On sait que par le *détroit de Béring* qui sépare l'Asie de l'Amérique, l'océan Glacial arctique communique avec le Grand-Océan.

Dans le Grand-Océan on trouve d'abord la MER DE BÉRING qui forme à l'ouest, sur les côtes de l'Asie, le *golfe d'Anadyr*, et la *baie Olioutorskaia*; — puis la *mer de Tarrakai*; et d'*Okhotsk* dans laquelle on trouve le *golfe de Penjinskaya* et la *baie de Tongoura*.

On trouve sur les côtes de l'Amérique russe du sud au nord, la *baie de Bristol*; — le *golfe de Norton* et celui de *Kotzbue*.

Enfin la MER NOIRE forme le *golfe d'Odessa*; — et par le *détroit d'Enikale*, la *mer d'Azof*.

PRESQU'ILES.

Dans la mer Noire, on voit la *presqu'île de Crimée*;

Dans l'océan Glacial arctique, la *presqu'île de Kara-Ob*, entre la mer et le golfe de ce nom; — la *presqu'île des Samoyèdes*, entre le golfe d'Iénisséi et le golfe Khatanghe;

Dans le grand Océan, la *presqu'île de Kamtchatka*; — et la *presqu'île d'Aliaska*, dans l'Amérique russe.

CAPS.

Les principaux caps de l'empire russe, sont :

Le *cap Sviatoï*, et le *cap Camin*, à l'entrée de la mer Blanche; — le *cap Mikulin*, vers le golfe de Tcheskaïa, tous trois en Europe; le *cap Jelania*, dans la Nouvelle-Zemble; — le *cap Matsol*, à l'entrée du golfe de l'Ob ; — le *cap Severovostochnoï*, à l'extrémité de la presqu'île des Samoyèdes : c'est le point le plus septentrional de l'Asie (voyez page 127, première série) ; — le *cap Nord;* — et le *cap Oriental*, dans le détroit de Béring ; — le *cap Thaddée*, vers le golfe d'Anadyr ; — le *cap Pokatchinskoï*, un peu plus au sud ; — et le *cap Lopatka*, à l'extrémité méridionale du Kamtchatka, — en Asie.

En Amérique, le *cap du prince de Galles*, en face du cap Oriental, dans le détroit de Béring ; — plus au nord, le *cap Golovnin* et le *cap Glacé*, puis les *pointes Barrow* et *Beechey*.

De tous ces caps, les plus importants à retenir sont : le cap Sviatoï, le cap Severovostochnoï ou Sacré, le cap Oriental, le cap Lopatka, et le cap du prince de Galles.

ILES.

Celles qui dépendent de l'Europe, sont :

Dans la mer Baltique ; — les *îles d'Œsel, Dago* et *Aland ;*

Dans l'océan Glacial arctique ; — les *îles Kalgouef* et *Waigatz; l'archipel du Spitzberg*, beaucoup plus au nord-ouest ; — et vers le nord-est, la *Nouvelle-Zemble*.

Celles qui appartiennent à l'Asie, sont :

L'*île Bieloï*, vers la mer de Kara ; — les *îles Kotelnoy* et de la *Nouvelle-Sibérie;* — et les *îles aux Ours*, dans l'océan Glacial arctique (voy. première série, pag. 128) ;

Dans le Grand-Océan ; — les îles *Saint-*

Laurent et de *Béring ;* et quelques-unes des *Kouriles ;*

Les îles qui dépendent de l'Amérique russe sont :

Dans le grand Océan ; — l'île *Nouniwock*, l'île *Saint-Matthieu*, l'île *Pribuiloff*, et les îles *Aleutiennes ;* — puis, les *îles Kodiak ;* l'*archipel du roi Georges*, et l'*île du Prince de Galles* (voyez première série, page 258).

PENTES ET FLEUVES.

Les fleuves qui arrosent le vaste empire que nous étudions, se rendent dans cinq mers principales, qui forment ainsi cinq bassins différents, savoir :

Pente de la mer Caspienne ; — pente de la mer Noire ; — de la mer Baltique ; — de l'océan Glacial arctique ; — et du grand Océan.

1° PENTE DE LA MER CASPIENNE.

Cette pente appartient à la Russie d'Europe : voici les principaux fleuves qui y coulent :

L'*Oural*, qui descend des monts Ourals, sépare l'Europe de l'Asie, et passe à *Orenbourg*, *Ouralsk*, et *Gouriev* à son embouchure,

Le *Bol Ouzen* et le *Mal Ouzen*, qui ont un cours parallèle, et se perdent dans des lacs ;

Le *Volga*, que nous savons être le plus grand fleuve de l'Europe. Il prend sa source vers les monts Valdaï (voyez notre carte d'Europe), et coule d'abord à l'est, puis au sud, et enfin au sud-est pour se jeter dans la mer Caspienne, après avoir arrosé *Ostachkov* à sa source, TVER, *Ouglicht*, *Ribinsk*, JAROSLAV, KOSTROMA, NIJNI-NOVGOROD, *Tcheboksary*, KAZAN, SIMBIRSK, *Samara*, *Syzran*, *Volgsk*, SARATOV, *Tzaritzin*, *Popovinskaia*, et ASTRAKHAN. Ce grand fleuve reçoit :

A GAUCHE. — L'*Ounja*, qui passe à *Makariev*; — la *Vetlouga*; — la *Kama*, le plus considérable des affluents du Volga : cette rivière passe à *Perm*, *Sarapoul* et *Tchistopol* : elle est grossie à l'ouest par la *Viatka*, qui arrose VIATKA, et à l'est, par la *Kolva*, la *Tchiousovaia* et l'*Oufa*, qui passe à OUFA : cette dernière rivière est grossie par la *Bielaia*; — le Volga, reçoit encore à gauche la *Samara*, qui se joint au Volga, vers la ville de *Samara*.

A DROITE. — L'*Oka*, qui passe à OREL, *Belev*, KALOUGA, *Serpoukhov*, RIAZAN, *Kasinov*, *Elatma*, *Mouron*, et NIJNI-NOVGOROD : l'Oka, est grossie à gauche, par la *Moskwa*, qui arrose Moscou, et *Kolomna*, à droite, par la *Tzna*, qui arrose TAMBOW, et *Morchansk*; — le Volga reçoit encore à droite la *Soura* qui passe à Penza.

Les autres fleuves qui se rendent dans la mer Caspienne sont :

La *Kouma*, qui passe à *Georgievsk*;

Le *Terek*, qui arrose *Mosdok* et *Kizliar*; — et le *Samour*;

Au delà du Caucase, en Asie :

Le *Kour*, qui passe à TIFLIS et à *Salion*; — il est grossi par l'*Aras*, dont une branche passe à ERIVAN.

2° PENTE DE LA MER NOIRE.

On y trouve :

Le *Phase* ou *Rion*, qui arrose KHOUTAÏSSI, et *Poti*, à son embouchure ;

Le *Kouban*, grossi du *Laba*, et qui passe à EKATERINODAR ;

Le *Don*, qui coule du nord au sud, et passe à TOULA, *Lebedian*, VORONÈGE, *Paulovsk*, NOVO-TCHERKASK, et *Azof* : ce fleuve reçoit :

A GAUCHE. — Le *Khoper*; — et le *Manitch*;

A DROITE. — Le *Donetz*, qui passe près de KHARKOV ;

Le *Dniepr* ou *Dnieper*, qui prend aussi sa source vers les monts Valdaï, et passe à *Wiazma*, SMOLENSK, MOHILEV, KIEV, EKATERINOSLAV et KHERSON ; — il reçoit :

A GAUCHE. — La *Desna*, qui arrose *Gisdra*, *Briansck*, *Novogorod-Séverski*, et TCHERNIGOV ;

A DROITE. — La *Bérézina*, qui arrose *Bobruisck*; — le *Pripetz*, grossi du *Stuszez*; — et le *Boug*, qui arrose *Vinnitza*, et *Nikolaïev*;

Le *Dniestr* ou *Dniester*, qui vient de l'empire d'Autriche, et passe à KAMIENETZ, *Choc-*

zim, *Mohilev*, *Jampol*, et *Akkerman* à son embouchure ;

Le *Danube*, grossi par le *Pruth* ou *Prouth*, qui sépare la Russie d'Europe, de la Turquie.

3° PENTE DE LA MER BALTIQUE.

Voici les principaux fleuves qu'on y trouve :

La *Vistule* qui vient de l'Autriche, et passe à SANDOMIR, à VARSOVIE et à PLOCK : elle est grossie à droite par le *Bug* qui passe à *Brzese Litowski* ;

Le *Niémen* qui arrose GRODNO et *Kowno* ;

La *Duna* qui passe à VITEPSK, *Polotzk*, *Dunabourg*, et RIGA ;

La *Vélikaia* qui traverse le lac Peïpous : elle passe à PSKOV et à *Narva* ;

Le *Wolkow* qui arrose NOVOGOROD ;

La *Neva* qui passe à SAINT-PÉTERSBOURG (voy. carte d'Europe et 1re série, page 104-111) ;

La *Swir* qui fait communiquer ensemble les lacs Ladoga et Onega ;

L'*Uléa* qui passe à *Uléaborg* ;

La *Kemi* ; — et la *Tornéa* qui arrose *Tornéa* à son embouchure.

4° PENTE DE L'OCÉAN GLACIAL ARCTIQUE.

Les fleuves de cette pente qui appartiennent à l'Europe, sont :

La *Tana* ; — le *Panoï* ; — le *Kiatm* ; — le *Vig* ; — l'*Onéga* ; — la *Dwina* formée du *Souk-*

honia à l'ouest, et de la *Vitchegda* à l'est : elle passe à *Archangel;*

Le *Mezen* qui arrose *Mezen;* — la *Petchora* grossie, à droite par l'*Ousa;* — et la *Kara* petit fleuve qui sépare l'Europe de l'Asie.

En Asie, on trouve dans cette même pente :

L'*Ob* ou l'*Obi* qui descend des monts Altaï, et passe à *Barnaoul*, *Kaliwan* ou *Kolivan*, et *Bérézov* (voy. notre carte d'Asie et 1re série, pages 131-133); ce fleuve reçoit :

A GAUCHE, — l'*Irtyche* qui vient de l'empire chinois et passe à OMSK et à TOBOLSK : l'Irtyche est grossie par l'*Ichim* qui arrose *Petropavlowsk*, et par la *Tobol* et la *Tavda;* — la *Soszva* qui se joint à l'Obi à *Bérezov;*

A DROITE, — le *Tchoulym;*

Le *Nadym* et le *Taz* très-petits fleuves;

Le *Iéniseï* ou *Ienisseisk;* qui vient de l'empire chinois et passe à *Minoussinsk*, *Krasnoiarsk*, IÉNISSEISK et *Touroukhansk*, ce grand fleuve reçoit, à droite :

La *Toungouska supérieure* qui sort du lac Baikal et passe à IRKOUTSK; cette rivière est grossie par la *Tassieteva;* — la *Toungouska* du centre, et la *Toungouska inférieure;*

On trouve ensuite : — la *Piasina*, — la *Khatangha*, — l'*Ananbara* et l'*Oleneck;*

Le *Lena* qui prend sa source vers les monts Baïkaliens et passe à JAKOUTSK, et *Jigansk;* — il reçoit à gauche plusieurs affluents; et à droite, le *Vitime*, l'*Olekma* et l'*Aldan;*

Enfin, le *Jana*, — l'*Indighirka*, — et la *Kolyma* grossie de l'*Omolon;*

5° PENTE DU GRAND OCÉAN.

On y trouve :

L'*Anadyr*, et l'*Onemen* qui coulent tous deux dans le golfe d'Anadyr.

Pour tous les principaux fleuves qu'il faut s'attacher à retenir, consultez les cartes d'Europe et d'Asie.

MONTAGNES.

Les principales montagnes de la Russie, sont les *monts Caucase*, le *mont Ararat*, les *monts Ourals*, les *monts Olonetz*, les *monts Valdaï*, etc., en Europe ; — en Asie, les *monts Dalaï*, *Tarbagataï*, *Sayaniens*, *Baikaliens*; les *monts Nertchinsk*, *Yablonnoi*, *Stanovoi*, *Aldan*, et *Stanovoi Khrebet*, etc., et ceux du *Kamtchatka* ; — en Amérique, le *mont Saint-Elie*, l'un des plus hauts sommets de la terre. Consultez les cartes d'Europe, d'Asie, d'Amérique du nord, et 1re série, pages 115, 142, 148, 266, 268.

LACS.

Les principaux lacs de l'empire russe, sont :

En Europe, — les lacs *Enara*, *Imandra*, *Nesiarvis*, *Payana*, *Saima*, *Ladoga*, *Onéga*, *Illmen* et *Peipous*.

En Asie, — le lac *Sébanga* au pied du mont Ararat ; — les *marais Tchany*, les lacs *Balkachi*, *Alak Tougoul*, et le *lac Baikal*, le plus grand de tous.

CLIMATS ET PRODUCTIONS DES TROIS RÈGNES.

Nous renvoyons pour ces divers articles à la 1re série, pages 119, 121, 152, 156.

SUPERFICIE ET POPULATION.

On porte à 1,026,965 lieues carrées environ la superficie totale de l'empire russe, ce qui dépasse, de plus d'un dixième, deux fois la superficie de l'Europe, égale seulement à 484,948 lieues carrées (voy. 1re série, page 77). Mais cette vaste surface n'est habitée que par 60,150,000 âmes, ce qui donne pour chaque lieue carrée à peu près 58 habitants (voy. 1re série, page 159).

DIVISIONS.

Nous n'ajouterons rien à ce que nous avons dit sur l'Amérique russe, dans la description de l'Amérique septentrionale, et nous nous bornerons à remarquer que les seuls établissements que la Russie y ait formés, sont : la *Nouvelle-Archangel* dans une île de l'Archipel du roi Georges ; — et le *fort Alexandre* près de l'île Kodiak.

Pour la Russie asiatique, nous ajouterons ici le tableau de ses divisions administratives, renvoyant pour tout le reste à la description que nous avons donnée de cette vaste contrée dans la première série de ce précis, pages 159, 161.

SIBÉRIE.

La Sibérie se divise maintenant en *dix provinces* sous diverses dénominations, comme on peut le voir dans le tableau suivant :

De l'ouest à l'est.

Provinces.	*Chefs-lieux.*	*Villes remarquables.*
Le pays des Kirghiz Kaïsak.		
La province d'Omsk.	Omsk.	
Le gouvernement de Tobolsk.	TOBOLSK.	Capitale de toute la Sibérie
Le gouvernement de Tomsk.	Tomsk,	
Le gouvernement d'Ieniseïsk.	Krasnoiarsk.	Yenisseisk.
Le gouvernement d'Irkoustk.	*Irkoutsk.*	Nertchinsk.
La province d'Yakoutsk.	Yakoutsk.	
Le district d'Okhotsk.	Okhotsk.	
Le pays des Tchouktchi.		
Le district de Kamtchatka.	Petropavlovskoï,	

Nous devons faire remarquer que les autres provinces russes d'Asie, au delà du Caucase, sont ordinairement comprises dans les divisions administratives de la Russie d Europe, comme on le voit dans la carte que nous décrivons.

RUSSIE D'EUROPE.

DIMENSIONS, SUPERFICIE, POPULATION.

La plus *grande longueur* de la Russie d'Europe, du nord-ouest au sud-est, est de 767 lieues; — sa plus *grande largeur* du sud-ouest au nord-est, est d'environ 542 lieues. Sa *superficie* en y comprenant le royaume de Pologne, mais sans y comprendre les provinces au delà du Caucase, est de 266,597 lieues carrées, ce qui dépasse la moitié de l'Europe de presque toute la superficie de la France. La *population absolue* est de 56,500,000 âmes, ce qui donne presque 212 habitants pour chaque lieue carrée.

RELIGION ET GOUVERNEMENT.

La religion dominante de la Russie d'Europe est la *religion grecque orthodoxe*, mais tous les autres cultes y sont librement professés et l'on y trouve, surtout en Pologne, un grand nombre de *catholiques romains;* puis des *luthériens*, des *mahométans*, des *juifs*, et même des *idolâtres* grossiers.

Le gouvernement forme une monarchie absolue dont l'*empereur* est le seul chef. Cependant le *conseil de l'empire*, le *sénat dirigeant*, et le *saint Synode*, exercent dans toutes les affaires importantes, une puissante et salutaire influence.

INDUSTRIE ET COMMERCE.

Quoique fort en arrière encore des autres pays les plus civilisés de l'Europe, la Russie a fait d'immenses progrès dans l'*industrie*, qui peut se diviser en trois branches principales; l'industrie des gens de la campagne, qui fabriquent assez généralement tous les objets dont ils ont besoin et même au delà; l'industrie des corps de métiers qui résident dans les villes et dont les nombreux ouvriers se perfectionnent chaque jour davantage; et l'industrie des manufactures qui acquiert un grand développement et peut rivaliser, pour un grand nombre de produits, avec les premières nations du monde : on remarque surtout les fabriques de cuirs, qui n'ont pas d'égales dans le reste de l'Europe.

Les principaux ports de *commerce* de la Russie, sont : Saint-Pétersbourg, Riga, Odessa, Archangel, Révei et Helsingfors; et le commerce de ce vaste état devient de jour en jour plus considérable et plus étendu.

DIVISIONS ET TOPOGRAPHIE.

La Russie d'Europe est maintenant divisée en *quarante-neuf parties*, dont la plupart portent le nom de *gouvernements*, et les autres celui de *provinces* ou *pays*. Ordinairement le nom du chef-lieu est le même que celui de la province, comme on peut le voir dans le tableau suivant, où nous avons aussi marqué les principales villes de chaque gouvernement.

	Gouvernements	*Chefs-lieux.*	*Villes remarquables.*
RUSSIE BALTIQUE. 6. (formee des provinces conquises sur la Suede.	Grand-duche de Finlande....	Helsingfors.	Abo.
	St-Petersbourg.	SAINT-PETERSBOURG.	Cronstadt Narva.
	Esthonie......	Revel.	
	Livonie......	RIGA.	Dorpat.
	Courlande....	Mittau.	

	Gouvernements.	*Chefs-lieux.*	*Villes remarquables.*
GRANDE RUSSIE. 19.	Archangel. . . .	*Archangel.*	
	Olonetz.	Petrozavodsk.	
	Novgorod . . .	Novgorod.	
	Tver.	*Tver.*	
	Jaroslav.	*Jaroslav.*	
	Vologda	Vologda.	
	Kostroma	Kostroma.	
	Nijni - Novgorod.	Nijni - Novgorod.	
	Vladimir	Vladimir.	
	Moscou.	Moscou.	
	Riazan.	*Riazan.*	
	Tambov.	Tambov.	Kozlov.
	Voronege.	*Voronege.*	
	Koursk.	*Koursk.*	
	Orel	ORel.	Elets.
	Toula, ...	Toula.	
	Kalouga.	*Kalouga.*	
	Smolensk	Smolensk.	
	Pskov.	Pskov.	
RUSSIE OCCIDENTALE. 8. (Provinces formees de l'ancienne Pologne)	Witepsk.	Witepsk ou Vitepsk.	
	Wilna	Wilna.	
	Grodno.	Grodno.	
	Bialystock	Bialystock.	
	Minsk	Minsk.	
	Mohilev.	*Mohilev.*	
	Volhynie.	Jitomir.	
	Podolie.	Kamienetz	
PETITE-RUSSIE. 4.	Kiev.	Kiev.	
	Tchernigov. . .	Tchernigov.	Nechin.
	Slobodes d'Ukraine. . . .	Kharkov.	
	Poltava	Poltava	
RUSSIE MERIDIONALE. 5. (Provinces enlevées à l'empire Ottoman).	Bessarabie. . . .	*Kichinev.*	Akkerman.
	Kherson.	Kherson	Odessa.
	Tauride (et *pays des Cosaques de la mer Noire.*) . . .	Simpheropol.	Ekaterinodar.
	Ekaterinoslav. .	Ekaterinoslav.	
	Pays des Cosaques du Don.	NovoTcherkask.	

	Gouvernements.	*Chefs-lieux.*	*Villes remarquables.*
RUSSIE ORIENTALE. 8. (Anciens royaumes de Kazan et d'Astrakhan).	Astrakhan. . . .	ASTRAKHAN.	
	Saratov	SARATOV.	
	Orenbourg. . . .	Oufa.	Orenbourg.
	Simbirsk.	Simbirsk.	
	Penza.	Penza.	
	Kazan.	KAZAN.	
	Viatka.	Viatka.	
	Perm.	Perm.	

Le royaume de Pologne se divise en huit gouvernements ou palatinats, en voici le tableau :

ROYAUME DE POLOGNE, 8.	Augustov.	Suwalki.	
	Plock.	Plock.	
	Mazovie.	VARSOVIE.	
	Kalisz.	Kalisz.	
	Kracovie.	Kielce.	
	Sandomir.	Sandomir.	
	Lublin.	Lublin.	
	Podlaquie. . . .	Siedlec.	

Les provinces du Caucase, sont :

LE CAUCASE. 6.	Caucase.	Stavropol.	
	Daghestan. . . .	Kouba.	
	Chirvan	Bakou.	
	Arménie.	Erivan.	
	Georgie.	*Tiflis* (voy. pr. serie, p. 160)	
	Imerethi.	Khoutaïssi.	

Ainsi, en y comprenant l'Amérique russe, l'empire de Russie compte en tout *soixante-cinq provinces.*

TOPOGRAPHIE.

SAINT-PÉTERSBOURG, bâtie sur la Néva, à l'extrémité orientale du golfe de Finlande, est le chef-lieu du gouvernement de ce nom et la capitale de tout l'empire. C'est une très-grande et superbe ville, admirablement bien bâtie et regardée comme l'une des plus belles capitales du monde. Elle renferme des places, des rues et des monuments magnifiques, avec de nombreux établissements pour les sciences et les lettres. Fondée par Pierre le Grand, au commencement du dix-huitième siècle, Saint-Pétersbourg compte aujourd'hui une population qui dépasse 449,000 habitants ; — *Kronstadt*, remarquable par son port et ses formidables fortifications ;

Riga, avec 42,000 âmes, ville forte et l'une des plus commerçantes de l'Europe : elle est située sur la rive droite de la Duna, au fond du golfe de Livonie ;

Archangel, au fond du golfe de Dwinskaïa, dans la mer Blanche, à l'embouchure de la Dwina : c'est un port considérable et l'on y compte 19,000 habitants, — *Tver*, sur le Volga, ville industrieuse de 22,000 âmes, elle possède un superbe palais impérial ; — *Jaroslaw*, sur le Volga, ville considérable et plus industrieuse encore, et qui compte 24,000 habitants ;

Moscou, grande ville, avec une population qui dépasse 250,000 âmes : cette ville, placée au centre de la Russie d'Europe, était autrefois la capitale de l'empire et en est encore la cité la plus commerçante de l'intérieur. On y admire une foule de magnifiques monuments, et entr'autres le fameux Kremlin, l'ancienne demeure des Czars ; — *Riazan*, sur l'Oka, et *Voronège*, près du Don : elles comptent chacune 19,000 âmes ; — *Koursk*, célèbre par la beauté de ses fruits ; sa population dépasse 23,000 habitants ;

Orel, située vers les sources de l'Oka, on y compte 30,000 habitants, et elle fait un commerce considérable de grains ;

Toula, avec 39,000 habitants, un vaste arsenal et de riches mines de fer dans son voisinage : elle est située sur le Don ; — *Kalouga*, sur l'Oka, avec 26,000 âmes : son commerce est considérable ;

Wilna, ancienne capitale de la Lithuanie et l'une des villes les plus importantes de l'empire : elle est surtout célèbre par son université. On vante la beauté de sa cathédrale ; population, 56,000 habitants ; — *Mohilev*, ville assez considérable, de 21,000 habitants ;

Kiev, sur la rive droite du Dniéper, avec une population égale à celle de Wilna. C'est l'ancienne capitale de la petite Russie et longtemps le séjour des grands ducs de Russie. On remarque surtout le palais impérial, la cathédrale et la citadelle. Elle possède une célèbre université ecclésiastique ; — *Kichinev*, chef-lieu de la Bessarabie, avec une population de 20,000 âmes ;

Odessa, grande et belle ville de 33,000 habitants, et port considérable de la mer Noire sur le golfe d'Odessa : c'est une des premières places commerçantes de l'Europe orientale ;

Astrakhan, sur la mer Caspienne, à l'embouchure du Volga : c'est l'entrepôt du commerce de la Russie avec la Perse, la Boukharie et l'Inde : on lui accorde 40,000 habitants,

Saratov, avec 35,000 âmes : c'est une belle ville, florissante et par son commerce et par son industrie : elle est située sur la rive droite du Volga.

KAZAN, ville considérable de 48,000 habitants; elle est bâtie sur la rive gauche du Volga et se distingue surtout par son industrie : elle fut célèbre pendant la dernière moitié du moyen-âge;

VARSOVIE. Capitale du royaume de Pologne; située sur la Vistule. C'est une grande et belle ville et la troisième de l'empire russe : on lui accorde au delà de 150,000 âmes.

En terminant cette carte, rappelons-nous qu'il faut retenir entre toutes ces villes : — Saint-Pétersbourg, Moscou, Varsovie, Wilna, Kiev, Kazan, Riga, Toula, Saratov, Odessa et Orel.

ILES BRITANNIQUES.

SITUATION.

Cette partie de l'Europe occidentale du nord (1re série, pag. 98) est comprise entre le 50e degré et le 61e degré de latitude boréale, depuis les *îles Shetland* au nord jusqu'à *l'île de Jersey* au sud, et entre 0 degré 35 minutes, et le 13e degré de longitude à l'ouest de Paris.

LIMITES.

Les Iles Britanniques entourées par l'Océan, sont bornées, au *nord* et à l'*ouest* par l'océan Atlantique ;

Au *sud-est*, par la Manche et le Pas-de-Calais qui les séparent de la France ;

A l'*est*, par la mer du Nord.

MERS, GOLFES, BAIES ET DÉTROITS.

Au nord, on trouve entre les îles Orcades et l'extrémité de l'Ecosse, le *détroit de Pentland;* puis, à l'ouest, entre l'Ecosse et les Hébrides, on entre successivement dans deux larges canaux ; le *grand Minsh et le petit Minsh;* plus bas, vers le sud-est, le *détroit de Jura,* entre l'île de ce nom et l'Ecosse, et entre ce dernier pays et l'Irlande, le *canal du Nord* qui forme au nord le *détroit de Kilbrannan* et le *golfe de Clyde*, séparés l'un de l'autre par l'île d'Arran. Du canal du Nord on entre dans la *mer d'Irlande*, qui s'étend entre l'Irlande et l'Angleterre, sur les côtes de laquelle elle forme la *baie de Luce*, la *baie Wigtown*, le *golfe de Solway* et la *baie de Morecambe*. Après la mer d'Irlande, on trouve le *canal Saint-Georges*, qui forme sur les côtes de la principauté de Galles, la *baie de Caernarvon*, la *baie d'Harlech*, la *baie de Cardigan* et celle de *Saint-Bride*. Puis au sud du pays de Galles on entre dans le *canal de Bristol*.

Sur les côtes méridionales de l'Angleterre, dans la Manche, on trouve la *Mounts-Baie*, le *havre de Plymouth*, et par le *Pas-de-Calais*, on entre dans la mer du Nord qui forme la vaste *embouchure de la Tamise*, le *Wash*, le golfe d'*Humber*, sur les côtes de l'Angleterre ; et sur les côtes de l'Ecosse, les golfes de *Forth*, de *Tay*, de *Murray* et de *Dornoch*.

Autour de l'Irlande, vers l'ouest, l'océan Atlantique forme la *baie Donegal*, sur les côtes de l'Ulster; et sur celles du Connaught, la *baie Killala*, le *Large-Hâvre*, la *Black-Soad baie*, la *baie Clew*, la *baie Birtibac*, la *baie de Kilkerran*, et celle de *Galway ;* sur les côtes du Munster, les *baies de Dumbeg*, du *Shannon*, de *Tralée*, de *Dingle*, de *Ballynaskellig* et de *Bantry ;* puis le *havre de Baltimore* et celui de *Cork* ; enfin sur les côtes du Leinster, le *havre de Wexford* dans le canal Saint-Georges.

PRESQU'ILES.

La petite distance qui sépare l'embouchure du Forth de celle de la Clyde, pourrait faire considérer l'*Ecosse du nord* comme une presqu'île ; il en serait de même de toute la *partie de l'Angleterre comprise* entre le canal de Bristol et l'embouchure de l'Exe dans la Manche. Au reste, les côtes de la Grande-Bretagne et de l'Irlande forment une multitude de presqu'îles trop peu considérables pour les signaler.

CAPS.

Sur les côtes de l'Ecosse, — le *cap Kinnaird* à l'est, le *cap Tarbat* qui sépare le golfe de Murray de celui de Dornoch, le *cap Duncansby* et le *cap Wrath*, tous deux au nord ; et au sud-ouest dans la mer d'Irlande, le *cap Burrow*.

Sur les côtes du pays de Galles, la *pointe Braichy* dans le canal Saint-George.

Sur les côtes de l'Angleterre,—le *Land's End*, le *cap Lizard*, la *pointe Start* et le *cap Beachy* au sud dans la Manche; le *cap Sprun* à l'embouchure de l'Humber, et le *cap Flamborough*, tous deux dans la mer du Nord.

Autour de l'Irlande, — en commençant au nord, le *cap Bangor*, le *cap Glenegad*, le *cap Malin* et le *cap Horn*, dans l'Ulster, le *cap Sline* dans le Connaught; le *cap Leane* et le *cap Mizen* sur les côtes du Munster ; et sur celles du Leinster, dans le canal Saint-George et la mer d'Irlande, la *pointe Greenore* et le *cap Wicklow*.

Parmi tous ces caps, il faut surtout remarquer le *cap Dunçansby*, le *cap Mizen* et le *cap Land's End*.

ILES.

Outre la Grande Bretagne et l'Irlande qui forment le noyau de la monarchie britannique, on trouve encore :

Au nord, — les ILES SHETLAND dont les plus remarquables sont du nord au sud, *Unst*, *Yell* et *Mainland* la plus grande, dont la capitale *Lerwick*, bâtie au fond de la *baie de Bressay* est le rendez-vous général des navires qui vont à la pêche du hareng ; — les ORCADES, où l'on remarque *Sanda*, *Stronza*, *South Ronaldsha*, *Hoy* et *Mainland* ou *Pomona*, qui est la plus considérable : *Kirkwall* est sa capitale ; — les ILES HÉBRIDES ou occidentales où l'on remarque surtout *Lewis* séparée de *Nord-Uist* par le *détroit de Harris*; puis *Skie* l'une des plus grandes ; *Bambecula*, *Sud-Uist*, et *Barra*. — Les autres îles qui dépendent de l'Ecosse, sont, à l'ouest, *Rum*, *Coll*, *Tyrey*, *Mull*, et entre ces deux dernières le petit *îlot de Staffa* si remarquable par la grotte de Fingal ; plus au sud, les îles de *Jura*, d'*Islay*, d'*Arran*, et de *Bute* : ces deux dernières sont dans le golfe de Clyde.

Dans la mer d'Irlande, — l'*île de Man* : sa capitale est *Castletown* ; l'île d'*Anglesey*, antique séjour des druides, son chef-lieu est *Beaumaris*.

A sud-est, — *l'archipel de Scilly* ou, *îles Sorlingues*, *Newton* en est la capitale ; — dans la Manche, l'*île de Wight*, chef-lieu *Newport ;* — et sur les côtes de France, *Aurigny*, *Guernesey* avec un chef-lieu nommé *Saint-Pierre ;* et *Jersey* dont la capitale est *Saint-Helier.* — Près de l'embouchure de la Tamise, on trouve l'île *Scheepy* et celle de *Thanet* fameuse dans l'histoire du moyen-âge.

Enfin, sur les côtes de l'Irlande nous nommerons, l'*île Rachlin*, dans l'Ulster, et l'*île Achill*, à l'ouest du Connaught.

PENTES ET FLEUVES.

On peut diviser la GRANDE-BRETAGNE en trois pentes, savoir :

La *pente du nord-est*, qui s'étend du cap Dunscansby, au nord de l'Ecosse, jusqu'à l'embouchure du Stour vers l'île de Thanet ;

La *pente du sud-est* ou de la Manche, depuis l'île de Thanet, jusqu'au cap Land's-End ;

La *pente Occidentale*, qui commence au cap Land's-End et se termine au cap Duncansby.

1° PENTE DU NORD-EST OU DE LA MER DU NORD.

Voici les fleuves principaux qui s'y trouvent :

1° En ANGLETERRE, — le *Stour*, qui passe à CANTERBURY, et forme, à son embouchure, l'île de Thanet ; la *Medway*, à son embouchure se trouve *Chatham ;* — la *Tamise*, qui coule vers l'est et passe à Reading, *Windsor*, Londres, *Greenwich*, *Woolwich* et *Gravesend* : ce grand fleuve reçoit à droite l'*Isis*, qui passe à Oxford, et à gauche la *Lea*, qui passe à Hertford, — Le *Stour* du nord, qui coule aussi à l'est; — la *Yare* qui passe à Norwich, et à *Yarmouth* vers son embouchure; — l'*Ouse* (Great), qui passe à Buckingham, Bedford, Huntingdon et *Lynn Regis* : elle est grossie à droite par *Litle Ouse*, et se décharge dans le Wash; — le *Nen* qui arrose Northampton, et le *Witham* qui baigne Lincoln coulent aussi dans le Wash; — l'*Humber*, large et profonde embouchure formée par la réunion de la *Trent* qui passe à Stafford, près de Derby, à Nottingham, et reçoit à gauche l'*Ashop*, qui passe à *Cromford;* et de la Swaale ou *Ouse* qui passe à York : cette rivière est grossie à droite par le *Wharfe*, et par l'*Air* qui passe à *Bradford* et à *Leeds*, à gauche par le *Derwent* ; — la *Tees* qui traverse le comté de Durham ; — la *Tyne* formée par une branche du nord et une branche du sud, et qui arrose Newcastle; — le *Coquet* dans le Northumberland ; — et la *Tweed* qui arrose Berwick, en Angleterre, qu'elle sépare de l'Ecosse.

2° En ECOSSE, — la *Tweed* que nous venons de nommer et qui passe à Peebles et près de Selkirk ; — le *Forth*, qui passe à Sterling; —l'*Earn*, qui se jette dans le golfe de Tay, ainsi que la *Tay* qui vient du lac de ce nom et passe à Perth ; — l'*Esk*, qui coule dans la mer du Nord un peu au sud de *Montrose* ; — la *Dee* qui baigne à son embouchure NOUVEAU ABERDEEN; — le *Deveron*, qui court au nord et arrose BANFF à son embouchure; — la *Spey*, qui coule au nord un peu à l'est d'ELGIN; — la *Beauty*, qui se jette dans le golfe de Murray; et quelques autres rivières peu considérables.

2° PENTE OCCIDENTALE.

Les fleuves principaux de cette pente, sont:

1° En ECOSSE, — la *Clyde*, qui arrose LANERK, *Hamilton*, *Glascow*, RENFREW, *Kilpatrik*, DUMBARTON et *Greenock*; — le *Doom*, qui se jette dans le golfe de Clyde un peu au-dessous de AYR; — le *Nith*, qui passe à DUMFRIES et se rend dans le golfe de Solway, etc.

2° En ANGLETERRE, — la *Liddel*, qui descend des monts Cheviots, sépare l'Ecosse de l'Angleterre, passe à *Gretna-Green*, en Ecosse, et se jette dans le golfe de Solway; — l'*Eden*, qui passe à APPLEBY, et CARLISLE, son embouchure touche à celle de la Liddel, — le *Derwent*, qui se jette aussi dans le golfe de Solway; — la *Loyne*, qui arrose LANCASTER à son embouchure; — la *Ribble*; — la *Mersey*, qui passe un peu au sud de *Manchester* et qui baigne *Liverpool* à sa vaste embouchure.

3° DANS LE PAYS DE GALLES; la *Dee*, qui sépare la principauté de Galles de l'Angleterre, arrose CHESTER dans ce dernier pays, et dans l'autre, à sa large embouchure, FLINT et *Holywell*; — le *Conway*, qui coule au nord; le *Dyft*, à l'ouest; — ainsi que le *Teift*, qui passe à CARDIGAN ; — la *Tawey*, qui se jette au sud dans le canal de Bristol, et arrose CAERMARTHEN.

4° En ANGLETERRE, encore. — l'*Uske*, qui passe à BRECKNOCK dans le pays de Galles, et se jette dans la Severn à l'est de CARDIFF ; — la *Severn*, qui vient du pays de Galles, où elle arrose MONTGOMERY, puis en Angleterre SHREWSBURY, WORCESTER, GLOCESTER, et *Berkley* · elle reçoit à droite, la *Wye*, qui arrose HEREFORD, MONMOUTH, et *Chepstow* à son embouchure dans la Severn ; cette dernière reçoit à gauche l'*Avon* du nord, qui passe à *Coventry*, WARWICK, et l'*Avon* du sud, qui arrose *Frome*, BATH et BRISTOL ; — enfin le *Parret*, petite rivière qui court se jeter au nord dans le canal de Bristol.

3° PENTE DU SUD-EST OU DE LA MANCHE.

On y trouve :

En ANGLETERRE, — le *Tamar*, qui arrose LAUNCESTON, et se jette dans le havre de *Plymouth* ; — l'*Exe*, qui passe à EXETER ; — l'*Avon*, qui passe près de SALISBURY et à *Christ-Church* à son embouchure ; — le *Tese*, qui coule au sud dans la Manche tout près de *Southampton*, — et l'*Arundel*, petite rivière qui coule au nord-est de CHICHESTER.

L'IRLANDE peut se diviser en quatre pentes, savoir :

La *pente du nord*, depuis le cap Bangor jusqu'au Large havre ;

La *pente occidentale*, de ce havre jusqu'au cap Mizen ;

La *pente du sud-est*, depuis le cap Mizen jusqu'à la pointe Greenore ;

La *pente orientale ou de la mer d'Irlande*, depuis la pointe Greenore jusqu'au cap Bangor.

1° PENTE DU NORD.

Voici les principaux fleuves qui y coulent :

1° *Dans l'Ulster.* — Le *Bann* qui prend sa source au nord-est de *Newry*, traverse le *lac Neagh* et coule au nord en arrosant *Coleraine* ; — la *Foyle*, qui arrose OMAGH et LONDONDERRY, à son embouchure où elle forme le *lac Foyle* ; elle est grossie à gauche par le *Finn* ; — l'*Erne*, qui prend sa source à l'ouest de DUNDALK, dans le Leinster, passe à ENNISKILLEN, traverse le *lac Erne* et débouche dans la baie de Donegal ;

2° *Dans le Connaught.* — Le *Moy*, qui traverse le *lac Conn* et se jette dans la baie Killala.

2° PENTE OCCIDENTALE.

On y trouve :

1° *Dans le Connaught.*— La *Clare*, qui passe à l'ouest de *Tuam* et à GALWAY, vers son embouchure ;

2° *Dans le Munster.* — Le *Shannon*, qui a sa source principale dans le *lac Arrow* et passe à CARRICK dans le Connaught, traverse le *lac Ree*, arrose *Banagher* dans le Leinster, traverse le *lac Shannon*, passe à LIMERICK dans le Munster et se décharge à l'ouest par une vaste et profonde embouchure sur la rive septentrionale de laquelle on trouve ENNIS et *Kilrush :* ce fleuve considérable reçoit à droite le *Suek*, qui traverse le Connaught et arrose *Ballinasloe ;* à gauche, le *Deal*, petite rivière ; — le *Kenmare*, petit courant d'eau qui mérite à peine d'être cité.

3° PENTE DU SUD-EST.

Fleuves principaux :

1° *Dans le Munster.* — Le *Lee*, qui passe à CORK ; — le *Blackwater*, qui arrose *Mallow*, *Lismore* et *Youghal* ; — la *Suire*, qui arrose *Thurles*, CLONMEL, *Carrich*, WATERFORD et *New-Geneva*.

2° *Dans le Leinster.* — Le *Barrow*, qui prend sa source un peu au nord de MARY-BOROUGH, passe à CARDOW et vient se décharger dans la même embouchure que la Suire.

4° PENTE ORIENTALE OU DE LA MER D'IRLANDE.

On y trouve :

Dans le Leinster. — Le *Slaney*, qui arrose *Ennyscorthy* et WEXFORD ; — la *Liffy*, qui passe un peu à l'est de KILDARE et à DUBLIN ; et la *Boyne* qui arrose TRIM.

Remarquons que parmi tous les fleuves que nous venons de nommer, les principaux sont :

Pour l'Angleterre, la Tamise, l'Ouse du sud, l'Humber et la Severn ; — *pour l'Ecosse*, la

Tweed, le Tay, la Spey et la Clyde; — *pour l'Irlande*, le Shannon et le Barrow.

CANAUX.

Les Iles Britanniques, l'Angleterre surtout, sont sillonnées par un nombre considérable de canaux dont nous allons faire connaître ici les plus remarquables :

EN ANGLETERRE. — Le *Grand-Tronc,* qui fait communiquer la Mersey avec la Trent et lie les deux grands ports de Liverpool et de Hull, en passant par STAFFORD, DERBY et NOTTINGHAM, où il se jette dans la Trent; — le *canal de Bridgewater*, qui communique avec le précédent et va de Manchester à Liverpool; — le *canal de Liverpool à Leeds*, qui met en communication ces deux villes, prend naissance au canal de Bridgewater, passe à *Blackburn*, à *Bradford* et se termine à *Leeds* dans la rivière *Air*, affluent de l'Ouse du nord; — le *canal de Lancaster*, qui commence à celui de Bridgewater, remonte au nord, passe à LANCASTER et se termine à *Kendal*, dans le Westmoreland; — le *canal de Birmingham*, qui commence à CHESTER, à l'embouchure de la Dée, passe à *Namptwich*, *Wolwerhampton*, *Birmingham*, et se termine à WARWICK, sur l'Avon; de Birmingham, ce canal va se joindre au nord à celui du Grand-Tronc, — le *canal d'Oxford*, qui va de WARWICK à OXFORD, et qui joint la Tamise à la Severn; — le *canal de grande jonction*, qui commence au Grand-Tronc, près de Nottingham, passe à LEICESTER et vient se terminer à LONDRES ; —le *canal d'Arundel,* qui lie la Tamise à la Manche, passe à GUILDFORD et se termine presque à l'embouchure de l'Arundel.

EN ECOSSE — Le *canal de Forth et de Clyde*, il passe à *Glascow*, *Falkirk*, LINLITHGOW, EDIMBOURG et *Leith* ; — le *canal Calédonien*, qui par une suite de lacs fait communiquer la mer du Nord avec l'océan Atlantique, il commence à INVERNESS et se termine à *Fort-William*, à l'embouchure du *Laggen* : il peut porter des vaisseaux de guerre.

EN IRLANDE. — Nous ne citerons que le *canal Royal*, qui commence à DUBLIN, passe à PHILIPSTOWN et se termine dans le Shannon.

MONTAGNES.

EN ANGLETERRE. — Au sud-ouest on remarque les hautes collines de *Dartmoor* ; — et, au nord dans le Northumberland, plusieurs chaînes de petites montagnes qui vont se joindre aux *monts Cheviot*.

DANS LA PRINCIPAUTÉ DE GALLES. — On cite le *mont Snowdon*, sommet culminant de toutes les hautes chaînes qui parcourent ce pays.

EN ECOSSE. — On trouve au sud les *monts Cheviot*, qui séparent l'Ecosse de l'Angleterre ; — puis au nord, les *monts Grampian* d'où descendent le Tay, la Dee et la Spey.

EN IRLANDE. — On remarque quelques chaînes trop peu considérables pour être nommées ici.

LACS.

Les principaux lacs des Iles-Britanniques, sont :

En ANGLETERRE, — ceux de *Cumberland* et de *Westmoreland;*

En ECOSSE, — le *Loch Lomond* au nord de Dumbarton ; — le *Loch Tay*, — le *Loch Ness*, que traverse le canal Calédonien ; — et tout à fait au nord le *Loch Naver;*

En IRLANDE, — le *lac Neagh*, qui est le plus grand, le *lac Strangford* et le *lac Erne* dans l'Ulster ; — le *lac Conn*, le *lac Mask*, le *lac Corrib*, et le *lac Arrow*, dans le Connaught;— le *lac Killarney*, si célèbre par ses beautés romantiques : il est dans le Munster ; — dans le Leinster, le *lac Ree*, traversé par le Shannon.

CLIMATS.

Le climat de la *Grande-Bretagne* est en général fort tempéré et plus doux que sa latitude semblerait d'abord le faire croire. Cela tient à sa situation au milieu de l'océan Atlantique, dont les vents attiédis adoucissent les froids de l'hiver et tempèrent la chaleur de l'été qui, sans cela, seraient fort considérables, surtout en Ecosse, à cause de la longueur des jours et des nuits, suivant les saisons. C'est pour la même raison que les côtes occidentales de l'île sont presque les deux tiers de l'année inondées par les pluies qu'amènent les vents d'ouest et du sud-ouest. Les côtes orientales sont généralement plus froides et bien plus saines, parce qu'elles reçoivent le vent sec du continent européen.

Le climat de l'Irlande est à la fois plus doux mais aussi plus humide que celui de l'Angleterre et de l'Ecosse, surtout dans sa partie occidentale. En général, on peut ne considérer pour les Iles Britanniques que deux saisons : l'hiver, qui dure huit mois, et l'été qui commence vers le mois de juillet et finit en octobre.

MINÉRAUX.

La monarchie anglaise possède d'abondantes mines de *houille* surtout dans le nord de l'Angleterre, dans le sud du pays de Galles, et dans le centre de l'Ecosse ; — quelques mines de *sel* en Angleterre et en Irlande, — du *zinc ;* — beaucoup de *plomb* dans le nord du pays de Galles et dans les comtés septentrionaux de l'Angleterre ; — du *fer* en Angleterre et en Ecosse ; — du *cuivre* abondamment dans le Cornwall, dans le pays de Galles et en Irlande ; — de riches mines d'*étain* dans le Cornwall et dans le comté de Devon ; — et quelque peu d'*argent* dans le Cumberland et le pays de Galles. — De toutes ces mines, les plus importantes pour le commerce et surtout pour l'industrie de l'empire britannique, sont les mines de houille, de fer, d'étain et de cuivre, exploitées par de nombreuses machines à vapeur.

VÉGÉTAUX.

L'*Angleterre* ne recueille pas assez de *blé* pour sa consommation : on le cultive sur la côte orientale, depuis Southampton jusqu'à York ; plus au nord, on trouve abondamment de l'*avoine*, de l'*orge* et du *seigle*, surtout en *Ecosse*, où cependant on récolte aussi du *froment*. Le *houblon* prospère dans la partie méridionale de l'Angleterre où l'on trouve partout, comme en Ecosse, une abondante quantité d'excellents légumes, parmi lesquels la *pomme de terre* occupe le premier rang, en *Irlande* surtout qui en fournit une prodigieuse quantité, etc. En Ecosse, on trouve d'excellents *pâturages* et quelques *forêts* sur les montagnes.

ANIMAUX.

On trouve dans les Iles Britanniques, en Angleterre et en Ecosse, des *cerfs* et des *chevreuils*, des *perdrix* et autre gibier ; en Irlande, on élève une grande quantité de *porcs*, de *chèvres*, de *moutons* et d'autres bestiaux, qui fournissent abondamment du *beurre* et des *viandes salées* dont s'approvisionne l'Angleterre. On connaît la belle race de *chevaux* que possède l'Angleterre, et l'on ne doit point oublier de citer les chevaux irlandais, nommés *hobby*, qui se distinguent par leur petitesse et leur allure agréable. Enfin, il n'existe peut-être pas de pays dont les fleuves et les rivières soient aussi poissonneux que ceux des Iles Britanniques.

RELIGIONS.

Le culte *calviniste-anglican* domine dans l'Angleterre ; le *calviniste-presbytérien* en

Ecosse; et le *culte de l'église romaine*, en Irlande. On compte peu de *juifs*, mais un assez grand nombre de *dissidents* qui appartiennent tous au culte réformé.

GOUVERNEMENT.

Les Iles Britanniques forment une *monarchie constitutionnelle* dans laquelle le *pouvoir législatif* est exercé collectivement par le *roi*, la *chambre des pairs*, et la *chambre des communes*; le pouvoir exécutif est tout entier entre les mains du roi, qui est aussi le chef suprême de l'église anglicane.

INDUSTRIE ET COMMERCE.

On pourrait dire aujourd'hui que de tous les pays du monde la Grande-Bretagne est le plus industrieux et le plus commerçant : son commerce d'exportation en 1834, s'est élevé à la somme prodigieuse de 1,049,976,029 francs; en 1833, le commerce d'exportation de la France s'éleva à 766,316,312 francs. Les principaux articles de cette exportation sont les *étoffes de laine* et de *coton* et la *quincaillerie*.

Les plus industrieuses cités de l'intérieur sont *Manchester* pour les étoffes de coton; *Leeds* pour les étoffes de laine; *Birmingham* et *Sheffield* pour la quincaillerie, etc.

Les principales villes marchandes maritimes sont *Londres*, *Liverpool*, *Bristol*, *Hull*, *Newcastle*, *Yarmouth*, et *Falmouth*. en Angleterre ; — en Ecosse, *Edimbourg* et son port de *Leith*, *Glascow*, *Aberdeen* et *Dundee* ;— en Irlande, *Dublin*, *Cork*, *Limerick*, *Wexford*, *Waterford* et *Belfast*.

Nous ajouterons que les trois grands ports militaires, sont *Porstmouth*, *Plymouth* et *Chatham* ; — et que les plus fameuses universités sont celles d'*Oxford* et de *Cambridge* en Angleterre, d'*Edimbourg* et de *Glascow* en Ecosse, et de *Dublin* en Irlande.

SUPERFICIE ET POPULATION.

On peut évaluer la superficie de toutes les Iles Britanniques à environ 16,000 lieues carrées ; —la population s'élève à 23,400,000 âmes d'après Balbi, ce qui donne à peu près 1462 habitants dans chaque lieue carrée pour la *population relative*.

DIVISIONS ET TOPOGRAPHIE.

La Grande-bretagne se divise généralement en trois parties :

L' *Angleterre*, au sud-est ;
La *principauté de Galles*, à l'ouest ;
L'*Ecosse*, au nord ;
L'Irlande se divise en quatre parties :
L'*Ulster*, au nord est ;
Le *Connaught*, au nord-ouest ;
Le *Munster*, au sud-ouest ;
Le *Leinster*, au sud-est.

1° L'Angleterre forme 40 comtés ou shires,

dont le tableau suivant fait connaître les noms et les chefs-lieux avec les villes les plus remarquables de chaque comté.

Au nord, 10 *comtés :*

Comtés.	*Chefs-lieux.*	*Villes remarquables.*
Northumberland.	*Newcastle.*	Berwick.
Cumberland.	Carlisle.	Whitehaven.
Westmoreland.	Appleby.	Kendal.
Durham.	Durham.	*Sunderland.*
York.	*York.*	*Leeds*, *Hull*, Wackefield, Sheffield.
Lincoln.	Lincoln.	
Nottingham.	*Nottingham.*	
Derby.	Derby.	
Lancaster.	Lancaster.	*Manchester*, *Liverpool*, *Bolton*, *Blackburn.*
Chester.	Chester.	Macclesfield.

Au centre, 17 *comtés :*

Shrop.	Shrewsbury.	Wellington.
Stafford.	Stafford.	Wolwerhampton.
Leicester	*Leicester.*	
Rutland.	Oakham.	
Northampton.	Northampton.	
Huntingdon.	Huntingdon.	
Norfolk.	*Norwich.*	*Yarmouth.*
Suffolk.	Ipswich.	Newmarket (moitie au comte de Cambridge).
Essex.	Colchester.	
Hertford.	Hertford.	
Cambridge.[1]	*Cambridge.*	
Bedford.	Bedford.	
Buckingham.	Buckingham.	
Warwick.	Warwick.	*Birmingham*, Coventry, Dudley, Kidderminster.
Worcester.	Worcester.	
Hereford.	Hereford.	
Monmouth.	Monmouth.	

Au sud, 13 *comtés* :

Comtés.	*Chefs-lieux.*	*Villes remarquables.*
Glocester.	Glocester,	*Bristol* et Cheltenham
Wilt.	Salisbury.	
Berk.	Reading.	*Windsor.*
Oxford.	*Oxford.*	
Middlessex.	LONDRES.	Stepney, Irlington, Hackney
Kent.	*Cantorbery.*	*Greenwich*, Woolwich, Gravesend, Chatham et *Douvres.*
Sussex.	Chichester.	*Brighton.*
Surrey.	Guildford.	(Une partie de Londres.)
Southampton.	Winchester.	*Portsmouth*, Southampton, Newport (dans l'île de Wight).
Dorset.	Dorchester.	
Somerset.	*Bath.*	
Devon.	Exeter.	*Plymouth.*
Cornwall.	Launceston.	*Falmouth.*

On a eu soin de distinguer en caractères italiques, les villes les plus remarquables sur lesquelles nous allons nous arrêter un peu en suivant l'ordre dans lequel elles se présentent dans le tableau.

AU NORD.

Newcastle sur la rive gauche de la Tyne : on y compte avec son faubourg environ 60,000 habitants : c'est le second port marchand de l'Anglerre, et le troisième du monde, Londres et New-York étant sous le rapport de la marine marchande les deux premiers ;

Sunderland, port considérable, formé de trois villes et dont la population dépasse 40,000 âmes : cette ville et la précédente possèdent de riches mines de houille ;

York avec 25,000 habitants, c'est une des villes les plus anciennes de l'Angleterre ;

Leeds, dans l'intérieur, l'une des plus commerçantes de l'Angleterre : on y compte 123,000 habitants;

Hull, l'un des principaux ports marchands, situé sur la rive septentrionale de l'Humber : sa population est au dessus de 30,000 âmes;

Nottingham, avec 51,000 habitants : c'est l'une des plus belles villes de l'Angleterre;

Manchester, l'une des villes les plus industrieuses et les plus commerçantes du monde : c'est la seconde de l'Angleterre sous le rapport de la population qui s'élève à 187,000 âmes : elle communique avec Liverpool par un magnifique chemin de fer;

Liverpool, dont la population peut s'élever à 170,000 âmes : après Londres, c'est le port anglais qui fait le plus d'affaires, quoique sa marine marchande soit un peu inférieure à celle de Newcastle : cette grande ville est bâtie à l'embouchure de la Mersey;

Bolton, ville assez commerçante d'environ 31,000 habitants.

AU CENTRE.

Leicester, avec 39,000 âmes : c'est une ville fort ancienne et qui fabrique une grande quantité de bas de laine;

Norwich, ville considérable de plus de 60,000 âmes : il s'y fabrique depuis plus de six siècles des tissus de laine fort estimés;

Yarmouth, ville très-jolie et port commerçant, mais qui s'encombre tous les jours : on y compte 21,000 habitants;

Cambridge, célèbre université : la population ne s'élève qu'à 21,000 habitants;

Birmingham, avec 107,000 âmes; l'une des villes les plus industrieuses du centre de l'Angleterre.

AU SUD.

Bristol, ville et port considérable de plus de 104,000 habitants, sur l'Avon, affluent de la Severn ;

Windsor, petite ville, mais célèbre par ce qu'elle est la résidence ordinaire des rois d'Angleterre;

Oxford, ville de 20,000 âmes, célèbre par son université,

LONDRES, capitale de l'Angleterre et de toute la monarchie anglaise : cette immense cité qui renferme à peu près 1,500,000 habitants, est vraisemblablement la ville la plus peuplée, la plus commerçante et la plus opulente du monde entier : elle est traversée par la Tamise, qui y forme un port magnifique;

Canterbury ou *Cantorbéry*, l'une des plus anciennes villes de l'Angleterre : son archevêque est primat d'Angleterre et le premier pair du royaume : on y compte seulement 15,000 âmes;

Greenwich, avec 21,000 habitants ; c'est là qu'est l'observatoire royal d'Angleterre ;

Douvres ou *Dover*, avec une faible population de 12,000 âmes : on s'y embarque pour traverser le Pas-de-Calais ;

Portsmouth, avec une population de 46,000

habitants : c'est le premier port maritime de l'Angleterre ;

Bath, où l'on compte 37,000 habitants : cette ville est fameuse par ses bains d'eaux minérales, connus des Romains ;

Plymouth, avec environ 70,000 habitants : c'est le second port militaire de la Grande-Bretagne ;

Falmouth, petite ville de 4,000 habitants, avec une belle rade, qui est le rendez-vous des paquebots qui communiquent d'Angleterre avec l'Espagne et le Portugal.

2° Principauté de Galles. — Cette partie de la Grande-Bretagne est divisée en 12 comtés, disposés dans le tableau suivant, du nord au sud :

Comtés.	*Chefs-lieux.*
Flint.	Flint.
Denbigh.	Denbigh.
Caernarvon.	Caernarvon
Anglesey (l'île).	Beaumaris.
Merioneth.	Dolgelly.
Montgomery.	Montgomery.
Radnor.	New-Radnor.
Cardigan.	Cardigan.
Pembroke.	Pembroke.
Caermarthen.	Caermarthen.
Brecknock.	Brecknock.
Glamorgan.	Cardiff et Swansea.

Il n'y a pas de villes remarquables.

3° L'Ecosse est divisée en 33 comtés, présentés ci-dessous :

Au sud du Forth (en remontant vers le nord), 16 comtés :

Comtes.	*Chefs-lieux.*	*Villes remarquables.*
Wigtown.	Wigtown.	
Ayr	Ayr.	Kilmarnock.
Kirkcudbright.	Kirkcudbright.	
Dumfries.	Dumfries.	
Roxburgh.	Jedburgh.	
Selkirk.	Selkirk.	
Peebles.	Peebles.	
Berwick.	Greenlaw.	
Haddington.	Haddington.	
Edimbourg.	EDIMBOURG.	*Leith.*
Linlithgow.	Linlithgow.	
Lanerk.	Lanerk.	*Glasgow.*
Stirling.	Stirling.	
Dumbarton.	Dumbarton.	
Renfrew.	Renfrew.	*Paisley*, *Greenock.*
Bute (avec d'autres iles).	Rothsay (dans l'ile de Bute).	

Au nord du Forth, 17 comtés :

Argyle (avec des iles.)	Inverary.	
Perth.	*Perth.*	
Clackmannan.	Clackmannan.	
Kinross.	Kinross.	
Fife.	Cupar.	*Dumfermline.*
Forfar, ou Angus.	Forfar.	*Dundee*, Montrose.
Kincardine ou Mearn.	Stonehaven.	
Aberdeen.	*Nau.Aberdeen.*	
Banff.	Banff.	
Elgin ou Murray.	Elgin.	
Nairn.	Nairn.	
Inverness (avec des iles).	*Inverness.*	
Ross (avec des iles).	Tain ou Tayne.	
Cromarty.	Cromarty.	
Sutherland.	Dornoch.	
Caithness.	Wick.	
Orkney (iles Orcades).	Kirkwall.	

Villes remarquables :

AU SUD :

EDIMBOURG, capitale de toute l'Ecosse, avec une population de 136,000 âmes : elle renferme une des plus célèbres universités du monde, et l'on y remarque le château d'Holy-Rood, si fameux par ses souvenirs historiques ;

Leith, sur le golfe de Forth : c'est le port d'Edimbourg, et sa population s'élève à 26,000 âmes ;

Glascow ou *Glasgow*, avec une population de plus de 200,000 habitants ; c'est la première ville de l'Ecosse sous le rapport de l'industrie, du commerce et de la population, on y remarque sa belle cathédrale gothique ;

Paisley, ville florissante de 57,000 âmes ; — et *Greenock*, dans le même comté, avec 27,000 habitants ;

Perth, avec 20,000 âmes : c'est une des plus jolies villes d'Ecosse ;

Dumfermline, ville industrieuse, de 17,000 habitants ;

Dundee, port très-commerçant, sur le golfe de Tay, et où l'on compte 45,000 âmes ;

Nau-Aberdeen, à l'embouchure de la Dee, qui y forme un bon port, on y compte près de 60,000 habitants ;

Inverness, jolie petite ville, située à l'extrémité du canal Calédonien : sa population ne s'élève qu'à 14,000 âmes.

L'IRLANDE est divisée en 32 comtés, savoir :

1° DANS L'ULSTER, 9 comtés :

Comtes.	*Chefs-lieux.*
Antrim.	*Belfast.*
Londonderry.	Londonderry.
Donegal.	Donegal.
Fermanagh.	Enniskillen.
Tyrone.	Omagh.
Cavan.	Cavan
Monaghan.	Monaghan.
Down.	Downpatrick.
Armagh.	Armagh.

2° DANS LE CONNAUGHT, 5 comtés :

Leitrim.	Carrick.
Sligo.	Sligo.
Roscommon.	Roscommon.
Mayo.	Castlebar.
Galway.	*Galway.*

3° DANS LE MUNSTER, 6 comtés :

Clare.	Ennis.
Limerick.	*Limerick.*
Tipperary.	Clonmel.
Waterford.	*Waterford.*
Cork.	*Cork.*
Kerry.	Tralee.

4° DANS LE LEINSTER, 12 comtés :

Kilkenny.	*Kilkenny.*
Wexford.	Wexford.
Wicklow.	Wicklow.
Cardow.	Cardow.
Queen's County.	Maryborough.
King's County.	Philipstown.
Kildare.	Kildare.
Dublin.	DUBLIN.
East-Meath.	Trim.
Louth.	Dundalk.
Longford.	Longford.
West-Meath.	Mullingar.

Villes remarquables d'Irlande.

DANS L'ULSTER :

Belfast, ville et port considérable, située à l'extrémité d'un golfe profond, formé par le canal du nord, on y compte près de 40,000 habitants ;

DANS LE CONNAUGHT :

Galway, ville assez commerçante, de 28,000 habitants ;

DANS LE MUNSTER :

Limerick, grande, belle et commerçante ville de 66,000 âmes : on y admire plusieurs beaux édifices, une riche bibliothèque, et surtout les vastes jardins suspendus de M. Roche ;

Waterford, avec 34,000 habitants, sur le Suire, qui y forme un port sûr et profond ;

Cork, avec une population de plus de 100,000 âmes ; c'est la deuxième ville de l'Irlande ; elle est avantageusement située à l'embouchure de la Lee, au fond d'un havre magnifique, qui forme un des plus beaux ports du monde : il s'y fait un commerce considérable de viandes salées.

DANS LE LEINSTER :

Kilkenny, ville commerçante de l'intérieur, qui compte environ 28,000 habitants ;

DUBLIN, capitale de l'Irlande, et l'une des plus belles villes de l'Europe ; c'est la seconde ville de toutes les Iles Britanniques, et sa population n'est guère au-dessous de 230,000 habitants : elle est située sur la Liffey, qui y forme un excellent port. Parmi le grand nombre de ses monuments publics, on remarque surtout la douane, le palais de justice et la banque nationale.

COLONIES.

La monarchie anglaise possède des colonies immenses : nous avons fait connaître les principales en Asie, en Afrique, dans l'Océanie, en Amérique, dans la Méditerranée. (Voyez première série, pages 97, 130, 180, 182 - 186, 192, 227, 231, 232, 251, 256, 257, 274 - 276, 289, 294 et 334.)

Nous ajouterons que l'Angleterre possède encore en Europe *Gibraltar*, sur le détroit de ce nom ; et le petit *îlot d'Helgoland*, un peu au nord-ouest de l'embouchure de l'Elbe : c'est un point très-important pour la marine militaire anglaise.

PAYS-BAS.

La Hollande et la Belgique composaient depuis 1814 le ROYAUME DES PAYS-BAS ; mais ils forment maintenant depuis le traité du 15 novembre 1831, deux royaumes séparés : celui de *Hollande* et celui de *Belgique*.

Comme plusieurs des traits généraux de la géographie physique leur sont communs, nous allons les décrire ensemble sous le rapport de leur situation, des fleuves et du climat.

SITUATION.

Les Pays Bas sont compris entre 0 degré et 5 degrés de longitude orientale ; et entre 49 degrés 30′ et 53 degrés 30′ de latitude boréale.

LIMITES.

Au *nord-ouest*, la mer du Nord ;

Au *sud-ouest*, la France ;

A l'*est*, le grand duché du Bas-Rhin, qui fait partie de la Prusse, èt le royaume de Hanovre.

Ainsi ces deux états forment ensemble un triangle dont le grand côté est à l'est, du côté de l'Allemagne ; — et le petit côté, vers le sud-ouest, du côté de la France.

MERS ET GOLFES.

La *mer du Nord* forme un grand nombre de golfes qui *se trouvent tous* sur les côtes de la Hollande. Les plus considérables, sont en allant du nord au sud :

Le *Dollart*, à l'embouchure de l'Ems et du Ruiten Aa, dans la province de Groningue ; — le *Lauwer Zee*, à l'embouchure du Hunse ou Drentsche, dans les provinces de Groningue et de Frise ;—le *Zuider-Zée* (mer du Sud), golfe profond entre la Frise, l'Over-Yssel, la Gueldre et la Hollande : le Zuider-Zée forme, au sud-ouest, le *golfe de l'Y* et la *mer* ou *lac d'Harlem*, aussi dans la Hollande. Le Zuider-Zée était autrefois un grand lac qui fut changé subitement en golfe par un violent débordement de l'Océan, dans le treizième siècle.

Les bouches de l'Escaut et de la Meuse forment aussi un grand nombre de larges canaux et de golfes considérables parmi lesquels nous ne citerons que le *Bies-Bosch*, à l'embouchure du Whaal : ce golfe est parsemé d'une multitude de petites îles.

PRESQU'ILES.

Nous ferons seulement remarquer la grande *presqu'île de la Hollande septentrionale*, entre la mer d'Harlem, le Zuider-Zée et la mer du Nord : elle se termine au vieux Rhin.

ILES.

La Hollande en a seule un grand nombre; voici les plus remarquables :

Du sud au nord :

Les ÎLES DE LA ZÉLANDE dont les plus considérables sont : *Walcheren; Sud Beveland; Nord Beveland; Tholen; Schowen; Over Flakkée*; *Voorne* et *Beierland* séparée par un étroit canal, et *Ysselmonde.* — Sur les côtes de la Hollande, de la Frise et de Groningue, on remarque : — *Texel*, *Vlieland*, *Ter-Schelling*, *Ameland*, *Schiermonnick Oog*, *Rothum* et *Borkum* : ce groupe septentrional est assez régulièrement disposé en arc de cercle. — Enfin, dans le Zuider-Zée, on voit quelques petites îles parmi lesquelles nous ne citerons que *Wierengen* au nord, et *Schokland* vers l'embouchure de l'Yssel.

PENTES ET FLEUVES.

Tous les fleuves qui arrosent les Pays-Bas se rendent dans la mer du Nord, qui fait partie de la pente de l'océan Atlantique (voyez première série, pages 104-106).

Voici les principaux :

L'*Yperlée*, petit fleuve qui vient de France et arrose à son embouchure en Belgique, *Nieuport*, un peu au sud-ouest d'*Ostende;*

L'*Escaut*, qui prend sa source en France, entre en Belgique et passe à TOURNAY; *Audenarde*, GAND, ANVERS et entre le *Fort Liefkenshock*, au sud et *Lillo* au nord. Ce fleuve se divise à sa vaste embouchure en deux branches principales; l'*Escaut occidental* et l'*Escaut oriental.* C'est entre ces deux branches, les bouches de la Meuse et celles du Lech, que se trouvent les grandes îles de la Zélande. L'Escaut reçoit :

A GAUCHE,—la *Lys,* qui vient de France, et arrose en Belgique *Warneton*, *Commines*, *Menin*, *Courtray*, *Deynse* et GAND où elle se joint à l'Escaut :

A DROITE, — la *Dender*, qui passe à *Ath*, *Ninove* et *Alost;* — la *Ruppel* formée de la réunion de la *Dyle* et des *deux Nèthes* : la Dyle prend sa source aux *Quatre-Bras*, passe à *Wavre*, *Louvain* et *Malines*, et reçoit à gauche la *Senne*, qui passe à *Hal*, à BRUXELLES et à *Vilvorde;* la petite Nèthe arrose *Herenthals* et *Lier*, à son confluent avec la grosse Nèthe.

On peut remarquer que presque tout le bassin de l'Escaut appartient à la Belgique

La *Meuse*, qui prend sa source en France et arrose en Belgique, *Dinant*, *Namur*, *Huy*, *Liége*, *Vise;* et dans la Hollande *Maestricht* et *Wyck;* *Maseyck* (à la Belgique), *Stephenswerd*, *Ruremonde*, *Venloo*, *Grave*, *Woudrichem* et *Gorcum* où elle débouche dans le Bies-Bosch et se divise en plusieurs larges canaux qui séparent entr'elles les îles Schowen, Over Flakkée, Voorne, Beierland et Ysselmonde. Ce grand fleuve reçoit :

A GAUCHE,—la *Sambre*, qui vient de la France, arrose en Belgique, *Thuin* et *Charleroi* et se jette dans la Meuse, à *Namur*;—le *Dommel*, qui passe à *Eindhoven* et qui se joint avec l'*Aa* à *Bois-le-Duc* : l'*Aa* passe à *Helmont;* presque tout le bassin de ces deux rivières appartient à la Hollande ; — la *Merk,* qui arrose *Breda* dans la Hollande ;.

A DROITE , — *le Semoy*, qui coule en Belgique et passe à *Arlon*, *Chiny* et *Bouillon*, autrefois à la France; — l'*Ourte*, qui passe à *Houffalize, la Roche*, *Durbuy*, est grossie par l'*Amblève* et se jette dans la Meuse à Liége: — la *Roër*, qui vient du grand-duché du Bas-Rhin et se jette dans la Meuse à *Ruremonde*, en Hollande.

Tous les autres fleuves que nous allons décrire, n'entrent point en Belgique.

Le *Rhin*, qui à son entrée dans la Hollande se divise en deux bras : l'*Yssel* et le *Whaal.* Le Whaal passe à *Nimègue*, à *Thiel*, se joint un instant à la Meuse, s'en sépare pour passer à *Bommel* et s'y joint encore à *Woudrichem.* L'Yssel, avant d'arriver à *Arnheim* se divise aussi en deux bras : l'un qui conserve le nom de *Rhin* et se dirige vers Arnheim ; l'autre qui retient le nom d'*Yssel*, court au nord dans le Zuider-Zée et passe à *Doesburg*, *Zutphen*, *Deventer*, près de *Zwoll* et à *Kampen* vers son embouchure : il est grossi à droite par l'*Oude-Yssel* qui arrose *Doetinchem*, et par le *Berekel* qui passe à *Lochem.* Le Rhin passe à *Arnheim*, à *Wageningen*. Entre cette ville et celle de *Rhenen*, le Rhin envoie vers le nord une branche secondaire qui, sous le nom d'*Eem*, passe à *Amersfoort* et va se jeter dans le Zuider-Zée. A *Durstède* une autre branche appelée le *Lech*, se détache du Rhin et va se jeter dans l'embouchure de la Meuse, après avoir arrosé *Shoonhoven.* A UTRECHT, le

Rhin s'appauvrit encore en envoyant vers le nord le *Vecht*, qui se jette dans le Zuider-Zée, à *Muiden*. Enfin, le *Rhin* ainsi affaibli, court à l'ouest, passe à LEYDE où il n'est plus qu'un gros ruisseau et se jette dans la mer du nord à *Katwyk-aan-Zée*.

La Vechte, petit fleuve qui vient de la Westphalie et du Hanovre, passe à *Hardenberg*, *Ommen*, *Hasselt* et se jette dans le Zuider-Zee; — elle est grossie à droite par le *Schonebecker*, qui passe à *Coeverden*, et par le *Havelter* qui arrose *Meppel*;

Le *Tjanger*, qui coule dans le Zuider-Zée, à l'ouest de *Kuinder*;

Le *Hunse* ou *Drentsche*, qui passe à *Groningue* et se jette dans le Lauwer-Zée;

La *Ruiten-Aa*, qui coule dans le Dollart, et sépare à peu près la Hollande du Hanovre.

CANAUX.

Les plus remarquables des nombreux canaux qui coupent en tous sens les Pays-Bas, sont:

Le *canal de Northolland* dans la Hollande septentrionale: il fait communiquer le golfe de l'Y en face d'Amsterdam avec le port de *Niew Diep* au sud de l'île Texel : c'est un des plus beaux du monde;

Le *canal de Harlingen et de Leeuwarden*, qui va se terminer dans le Lauwer-Zée : il est dans la Frise :

Le *canal de Bois-le-Duc*, qui part de cette ville se divise en deux branches, qui vont se joindre à la Meuse, l'une au sud, un peu au-dessous de Maëstricht, l'autre au nord et dirigée sur Venloo ;

Le *canal du Nord*, qui communique à l'est avec le précédent, se dirige à l'ouest, passe à *Herenthals* et devait se terminer à *Anvers* : commencé en 1807 par les Français, il n'est point encore achevé ;

Le *canal de Bruges*, qui met en communication *Nieuport*, *Ostende*, *Bruges*, et *Gand;*

Le *canal de Mons*, qui commence à l'Escaut vers l'ouest, passe à *Mons* et va se joindre au *canal de Charleroi*, qui se dirige au nord vers *Bruxelles* et même au delà de cette capitale ;

Le *canal de Trèves*, qui fait communiquer le bassin de la Meuse avec celui du Rhin, par l'Ourte, affluent de la Meuse, et par la Moselle, qui coule dans le Rhin : il n'est pas achevé.

CHEMINS DE FER.

La Hollande ne possède point encore de chemins de fer ; mais la Belgique doit posséder l'un des plus beaux du monde. Il commence à *Liége* et passe à *Tirlemont*, *Louvain*, *Malines*, *Termonde*, *Gand*, *Bruges* et *Ostende*. — De Malines, un embranchement se dirige au nord sur *Anvers*, et au sud vers *Bruxelles*.

De *Charleroi*, un autre chemin de fer se dirige au sud vers les environs de *Philippeville* et de *Marienbourg*.

CLIMAT ET PRODUCTIONS.

L'air qu'on respire dans les Pays-Bas est en général pesant et humide, et l'hiver y est long et rigoureux. Cependant les provinces méridionales de la Belgique jouissent d'un climat plus doux. Le sol de la Hollande, peu élevé au dessus de la mer et en plusieurs endroits conquis sur elle, est presque partout sablonneux et marécageux et s'étend en vastes bruyères, à l'exception de quelques cantons où les terres sont limoneuses et fertiles. Souvent ces basses terres sont inondées par les eaux de l'Océan dont on les préserve par d'immenses digues et de nombreux canaux.

Généralement le sol de la Belgique, qui est plus élevé, est partout d'une très-grande fertilité.

La richesse principale de la Hollande consiste en *excellents pâturages* où l'on engraisse des bestiaux qui donnent en quantité le meilleur *beurre* et les meilleurs *fromages* de l'Europe. On y cultive aussi en quelques endroits du *lin* et du *tabac*. La *tourbe* y remplace le bois de chauffage. On y recueille très-peu de blé et de fruits.

Dans la Belgique, au contraire, le sol produit une *immense quantité de blé* dont on fait un commerce considérable ; les *fruits* y viennent en abondance, et l'on y recueille beaucoup de *lin* et *de chanvre*. Il s'y trouve aussi de bons *pâturages* et des *forêts* considérables, surtout dans le Luxembourg, les provinces de Liège, Namur, Hainaut et Brabant méridional. C'est aussi dans la Belgique que se trouvent les *riches mines de houille* dont il se fait une exportation considérable. Là, on élève aussi depuis peu, une belle race de *chèvres* du Thibet et des *chevaux* estimés pour le labour, etc.

BELGIQUE.

Ce royaume embrasse toute la partie méridionale des Pays-Bas, à l'exception de la partie orientale du Luxembourg qui appartient à la Hollande.

SUPERFICIE ET POPULATION.

On estime la *superficie* de la Belgique à environ 1432 lieues carrées, et Balbi porte sa *population* à 3,560,000 âmes; ce qui donne pour *chaque lieue carrée* 2,485 habitants.

RELIGION.

La plus grande partie des Belges suivent la *religion catholique romaine*, mais tous les autres cultes y sont libres. Il y a quelques *juifs* et un très-petit nombre de *luthériens*.

GOUVERNEMENT.

Il ressemble à celui de la France : c'est une *monarchie constitutionnelle;* le pouvoir exécutif est entre les mains d'un *roi* et la puissance législative s'exerce collectivement par le *roi*, le *sénat* et la *chambre des représentants*

INDUSTRIE ET COMMERCE.

La Belgique est un des pays les plus industrieux de l'Europe : on en estime les dentelles, les tulles, les papiers, les armes, l'orfèvrerie et les ouvrages en fer, en cuivre, en acier et en laiton.

Le commerce y est assez considérable surtout en librairie étrangère dont il se fait de nombreuses contrefaçons, en grains et en produits divers des manufactures.

Les villes les plus industrieuses et les plus commerçantes sont : Anvers, Bruxelles, Gand, Liége, Malines, Louvain, Namur, Tournay, Ypres, Verviers et Bruges.

DIVISIONS ET TOPOGRAPHIE.

Le royaume de Belgique se divise maintenant en *neuf provinces* dont le tableau suivant fait connaître les chefs-lieux et les villes les plus remarquables.

Provinces.	*Chefs-lieux.*	*Villes remarquables.*
Flandre occidentale.	BRUGES.	Courtray, Ypres, Ostende.
Flandre orientale.	GAND.	Lokeren, Alost.
Hainaut.	*Mons.*	*Tournay.*
Brabant méridional.	BRUXELLES.	*Louvain, Malines.*
Anvers.	ANVERS.	Lier, Turnhout.
Limbourg.	Hasselt.	
Liége.	LIEGE.	Verviers, Spa.
Namur.	*Namur.*	
Luxembourg.	Arlon.	

Villes remarquables :

1° Dans la Flandre occidentale.

Bruges, l'une des plus fameuses et des plus puissantes villes du moyen-âge par son commerce et son industrie, quoique bien déchue, est cependant encore une ville très-considérable. On y remarque la cathédrale, l'hôtel-de-ville, et de beaux chantiers : sa population s'élève à 41,000 habitants; — *Courtray*, avec 19,000 âmes : elle fabrique des toiles et des dentelles fort recherchées ; — *Ypres*, ville active et commerçante : 15,000 habitants; — *Ostende*, place forte et port assez considérable avec une population de 11,000 âmes ; — *Commines*, petite ville dont la moitié appartient à la France, c'est la patrie de Philippe de Commines, le célèbre historien de Louis XI.

2° Dans la Flandre orientale :

Gand, très-grande ville de 84.000 âmes. On remarque sa cathédrale, l'hôtel-de-ville, le palais de l'université et la citadelle : elle possède plusieurs sociétés savantes et littéraires; elle est fort industrieuse et fait un commerce considérable facilité par son heureuse situation sur l'Escaut; — *Lokeren*, ville florissante, de 16,000 habitants ; — *Alost*, avec 15,000 âmes.

3° Dans le Hainaut :

Mons, ville forte, qui se distingue par son commerce et son industrie, elle possède de riches mines de houille dans ses environs, et compte 23,000 âmes; — tout près de Mons, on voit *Jemmapes*, village célèbre par la bataille qui s'y livra en 1792 et qui fut gagnée par les Français sur les Autrichiens, — *Tournay*, ville florissante, qui possède un grand nombre de manufactures et une population de 29,000 âmes : on cite sa belle cathédrale ; — *Charleroy*, place forte ; — *Fleurus*, très-petite ville, mais fameuse par les quatre grandes batailles qui s'y sont livrées : 1622, 1690, 1794, 1815 ; — *Enghien*, dont les princes de la maison de Condé prenaient le titre de ducs ; — *Chimay*, petite principauté cédée par la France en 1815.

4° DANS LE BRABANT MÉRIDIONAL :

BRUXELLES, capitale du royaume, grande et industrieuse ville de 106,000 habitants. On y remarque plusieurs belles places, le palais du roi, l'hôtel-de-ville, l'observatoire, et un grand nombre d'établissements scientifiques et littéraires ; — *Louvain*, avec 26,000 habitants et une célèbre université, longtemps regardée comme la première de l'Europe : on cite son hôtel-de-ville, le palais de l'université, et l'église de Saint-Pierre dont la tour qui s'est écroulée était l'édifice le plus élevé de l'Europe. Cette ville se distingue surtout aujourd'hui par son commerce et son industrie ; — *Malines*, qui fait un commerce considérable de dentelles et de chapeaux, elle a une belle cathédrale, et 24,000 habitants ; — c'est aussi dans le Brabant méridional au sud-est du côté de Fleurus que se trouvent les petites villes ou villages de *Wavre*, *Waterloo*, la *Belle-Alliance*, *Nivelle*, les *Quatre-Bras*, rendus si célèbres par la grande bataille qui s'y livra en 1815 et qui prit le nom de Waterloo.

5° DANS LA PROVINCE D'ANVERS :

ANVERS, sur l'Escaut, qui y forme une rade superbe. Pendant le moyen-âge et jusqu'au seizième siècle, cette ville fut l'une des plus commerçantes villes du monde. Elle a une belle citadelle, presqu'entièrement ruinée en 1832, mais que les Belges ont réparée; une cathédrale admirable dédiée à Notre-Dame et dont la tour pyramidale est le plus haut édifice de l'Europe; un bel hôtel-de-ville, une bourse, de magnifiques chantiers, et un grand nombre d'établissements pour les sciences et les lettres : sa population dépasse peut-être 70,000 âmes; c'est le port le plus commerçant de la Belgique; — *Lier*, avec 13,000 habitants; — et *Turnhout*, avec une égale population; petites villes fort industrieuses : la première a un grand nombre de brasseries.

6° DANS LE LIMBOURG :

Hasselt; — *Saint-Tron*; — *Tongres*, fameuse dans le moyen-âge; — *Maseyck* et *Peer*; très-petites villes.

7° DANS LA PROVINCE DE LIÉGE :

LIÉGE, sur la Meuse, avec 58,000 âmes; elle possède une belle fonderie de canons et une fabrique royale d'armes à feu; il s'y fait aussi un commerce considérable de houille dont les mines semblent inépuisables : voilà bientôt huit siècles qu'on les exploite; elle a aussi une forte citadelle, une université et plusieurs édifices remarquables; — *Verviers*, ville industrieuse, qui fabrique une grande quantité de draps fins et de casimirs : elle a des forges considérables, et compte déjà 19,000 habitants ; — *Spa*, fameuse par toute l'Europe à cause de ses eaux minérales ; — *Huy*, avec de riches mines de houille.

8° Dans le comté de Namur.

Namur, avec 19,000 habitants au confluent de la Sambre avec la Meuse : c'est une ville très-forte et qui possède des fabriques d'armes et de coutellerie ; — *Dinant*, — *Philippeville*, etc.

9° Dans le grand-duché de Luxembourg :

Arlon, avec des fonderies ; — et *Bouillon*, place forte qui appartenait autrefois à la France ; — avec plusieurs autres villes sans importance.

HOLLANDE.

Ce royaume comprend toute la partie septentrionale des Pays-Bas et une partie du grand-duché de Luxembourg, au sud-est de la Belgique.

SUPERFICIE, POPULATION.

La *superficie* de la Hollande est d'environ 1,698 lieues carrées et dépasse celle de la Belgique de 266 lieues : cependant ce dernier pays est beaucoup plus peuplé. La *population absolue* de la Hollande est de 2,558,000 âmes, et sa *population relative* de 1,506 habitants pour chaque lieue carrée.

COLONIES.

Mais la Hollande possède des colonies considérables : 1° dans l'OCÉANIE, l'île *de Java*, la plus grande partie de *Sumatra*, de *Bornéo*, de *Célèbes* et de l'archipel de *Sumbava Timor*, presque toutes *les Moluques* et une partie de la *Nouvelle-Guinée* : BATAVIA, dans l'île de Java, est la capitale de ces possessions (voyez première série, pages 242 et 250); — 2° En AFRIQUE, *quelques villes* dans la Guinée septentrionale (voyez première série, page 227); — 3° DANS L'AMÉRIQUE DU SUD, — la *Guyane hollandaise* (voyez première série, pages 333 et 334). D'après Balbi, la *superficie totale de toute la monarchie hollandaise s'élève à 42,358 lieues carrées* environ, habitées par 12,000,000 d'habitants.

RELIGION.

La plus grande partie de la nation professe le *culte réformé*, soit calviniste, soit luthérien ; mais tous les autres cultes sont libres et l'on y trouve des *catholiques romains* et des *juifs*; ces derniers sont en très-petit nombre.

GOUVERNEMENT.

Il est monarchique constitutionnel et la puissance législative est partagée entre le *roi* et les

Etats-Généraux, composés de deux chambres; la *première* est composée de membres nommés à vie par le roi ; la *seconde* est formée par les *députés* des provinces.

INDUSTRIE ET COMMERCE.

Le sol de la Hollande, naturellement peu fertile, a de bonne heure tourné ses habitants vers l'industrie et le commerce, soit intérieur, soit extérieur. Le premier est singulièrement favorisé par la multitude de rivières, de canaux et de golfes qui entrecoupent la Hollande de toutes parts, et facilitent les communications.

Pour le commerce extérieur, longtemps il a été, et surtout dans le seizième siècle, le plus étendu et le plus considérable du monde : à cette époque, les flottes puissantes d'Amsterdam, de Rotterdam, de Dordrecht et de Flessingue parcouraient en maîtresses souveraines toutes les mers. Aujourd'hui, quoique ce commerce ait beaucoup diminué, la Hollande n'en est pas moins placée au rang des premières nations commerçantes de l'Europe.

DIVISIONS ET TOPOGRAPHIE.

Le royaume de Hollande se compose aujourd'hui de *douze provinces*, savoir : — 1° des *sept Provinces-Unies* qui, en 1580, secouèrent le joug espagnol et formèrent une république, à la tête de laquelle ils placèrent un gardien du pays appelé *stathouder*; — 2° du Brabant septentrional, du Limbourg, et d'une partie du grand-duché de Luxembourg.

Le tableau suivant indique ces diverses provinces, avec leurs chefs-lieux et les villes remarquables qui s'y trouvent.

On a marqué d'un numéro les *sept Provinces-Unies* d'autrefois.

Du nord au sud :

	Provinces.	*Chefs-lieux.*	*Villes remarquables.*
1	Groningue.	*Groningue.*	
2	Frise.	*Leeuwarden.*	
	Drenthe.	Assen (cette petite province était seulement alliée aux autres.	
3	Over-Yssel.	Zwoll.	Deventer.
4	Gueldre.	Arnheim.	*Nimegue*, Zutphen.
5	Utrecht.	UTRECHT.	Amersfoort.
6	Hollande septentrionale.	*Harlem.*	AMSTERDAM, Zaandam ou Sardam.
6	Hollande méridionale.	LA HAYE.	LEYDE, ROTTERDAM, *Dordrecht*, Delft, Gouda, Schiedam.
7	Zelande.	*Middelbourg.*	Flessingue.
	Brabant septentrional.	Bois-le Duc.	Tilburg, Breda, Berg-op-Zoom.
	Limbourg.	*Maestricht.*	Wyck, Venloo, Ruremonde ou Roermonde.
	Luxembourg.	Luxembourg (l'une des places fortes de la confédération germanique).	

Villes principales :

1° DANS LA PROVINCE DE GRONINGUE.

Groningue, sur le Hunse, avec une belle église et 24,000 âmes; elle possède une université : — *Delfzyl*, petit port sur le Dollart ; — *Winschoten*, avec d'immenses tourbières dévorées en trois jours par un incendie, en 1833.

2° Dans la Frise.

Leeuwarden, ville de 17,000 âmes, qui se distingue par son industrie et son commerce ; elle est sur le canal qui va de *Harlingen* à *Dokkum*; —*Franeker*, sur le même canal ; — *Sneek*, petite ville industrieuse.

3° Dans la province de Drenthe.

Assen, très-petite ville ; — *Meppel*.

4° Dans l'Over-Yssel.

Zwoll, avec 13,000 habitants;—et *Deventer*, avec 10,000 âmes : ce sont deux places fortes.

5° Dans la province de Gueldre.

Arnheim, avec 11,000 âmes ; c'est une ville commerçante et fortifiée ; — *Nimègue*, place forte de 16,000 âmes, avec un bel hôtel-de-ville ; — *Zutphen*, petite ville fortifiée.

6° Dans la province d'Utrecht.

Utrecht, grande ville de 34,000 habitants ; autrefois la plus considérable des Provinces-Unies : on y remarque l'hôtel-de-ville et le dôme avec sa belle tour. Elle possède un grand nombre d'établissements pour les sciences et les lettres, et se distingue parmi les villes les plus industrieuses et les plus commerçantes de la Hollande, — *Amersfoort*, avec 9,000 habitants.

7° Dans la Hollande septentrionale.

Amsterdam, sur le golfe de l'Y à l'embouchure de l'*Amstel*, entre la mer d'Harlem et le Zuider-Zée : c'est la ville la plus considérable du royaume de Hollande, et l'une des plus belles, des plus industrieuses et des plus commerçantes de l'Europe. Elle a un grand nombre d'établissements scientifiques et littéraires, et de sociétés savantes. On y admire des rues superbes, le palais royal, l'arsenal, un pont magnifique et de vastes et profonds bassins pour les vaisseaux; sa population dépasse 200,000 habitants; — *Harlem*, avec 22,000 âmes, ville industrieuse et qui fait un commerce considérable de fleurs; c'est le chef-lieu de la Hollande septentrionale;—*Zaandam* ou *Saardam*, sur le golfe de l'Y, en face et au nord d'Amsterdam; ce village, célèbre par le séjour qu'y fit Pierre-le-Grand, comme simple ouvrier, possède de nombreux chantiers et compte 10,000 habitants; *Hoorn*, petit port sur le Zuider-Zée; — *Alkmaar*, ville forte, à l'ouest de la précédente.

8° Dans la Hollande méridionale.

LA HAYE, ville considérable de 55,000 habitants, et qui passe pour une des mieux bâties de l'Europe : c'est la résidence ordinaire du roi, et la capitale du royaume; on remarque le vaste palais du roi, et celui des États-Généraux. Elle possède une riche bibliothèque, une belle galerie de tableaux, et plusieurs autres établissements scientifiques et littéraires : elle se distingue aussi par son commerce, et surtout par son industrie ; — ROTTERDAM, avec 72,000 âmes : c'est la deuxième ville de la Hollande sous le rapport de la population, du commerce et de l'industrie : elle est située sur la rive septentrionale de l'embouchure de la Meuse, qui y forme un port magnifique ; — LEYDE, ville fameuse par son université, l'une des premières de l'Europe, et des plus riches en manuscrits précieux. Elle possède de très-riches musées, et sa population s'élève à 55,000 habitants ; — *Dordrecht*, située dans une île, à l'embouchure de la Meuse, qui prend le nom de *Merwe*, après avoir arrosé *Gorcum* : cette ville compte 17,000 habitants, et se distingue par son commerce ; — *Delft*, avec un grand arsenal, et 13,000 habitants ; — *Gouda* ; — et *Schiedam* : villes de moindre importance.

9° DANS LA ZÉLANDE.

Middelbourg, dans l'île de Walcheren : elle est importante par son industrie et son commerce, et sa population dépasse 17,000 âmes ; — *Flessingue*, ville forte, située dans la même île ; — *Tholen*, etc.

10° DANS LE BRABANT SEPTENTRIONAL.

Bois-le-Duc, avec une belle cathédrale et de grandes fabriques de rubans : 13,000 habitants ; — *Bréda*, ville forte, avec une académie royale militaire : on y admire sa belle cathédrale ; — *Tilburg*, avec 10,000 habitants : elle fabrique beaucoup de draps ; — *Berg-op-Zoom*, ville très-forte, sur l'Escaut ;

11° Dans le Limbourg.

Maestricht, sur la rive gauche de la Meuse, avec 18,000 habitants : c'est une place forte, remarquable aussi par les immenses carrières qui l'avoisinent ; — *Wyck*, en face de Maestricht, de l'autre côté de la Meuse ; — *Venloo ;* — et *Ruremonde* ou *Roermonde :* places fortes.

12° Dans le grand-duché de Luxembourg.

Luxembourg, l'une des plus fortes places de l'Europe, avec 11,000 habitants ; elle fait partie de la confédération germanique.

Les cinq villes les plus considérables de la Hollande, sont : Amsterdam, Rotterdam, La Haye, Leyde et Utrecht.

ÉTATS SECONDAIRES

DE L'ALLEMAGNE.

SITUATION.

Cette carte présente uniquement les états secondaires de l'Allemagne qui font partie de la confédération germanique : les pays de la monarchie prussienne et de l'empire d'Autriche qui font partie de cette confédération, n'y sont point compris, mais on a marqué leur situation et leur étendue par une couleur particulière.

Les ÉTATS SECONDAIRES de L'ALLEMAGNE sont compris entre le 3e et le 13e degré de longitude orientale ; et entre le 47e et le 54e degré 30′ de latitude boréale.

LIMITES.

L'Allemagne est bornée :

Au *nord*, par la mer du Nord, le Danemark et la mer Baltique ;

A *l'ouest*, par la Hollande et la France ;

Au *sud*, par la Suisse et l'empire d'Autriche ;

A l'est, encore par l'Autriche et la Prusse.

MERS ET GOLFES.

L'Allemagne n'offre pas le long de ses côtes de golfes proprement dits, mais cependant il faut remarquer le *Dollart*, à l'embouchure de l'Ems entre la Hollande et le Hanovre ; — et les *profondes baies* que forment à leurs embouchures, le Weser et l'Elbe, dans la mer du Nord ; ainsi que celle qui se trouve au nord de Lubeck, entre le Holstein et le Mecklenbourg.

ILES.

L'Allemagne n'a pas le long de ses côtes d'îles considérables : nous citerons seulement la petite île de *Neuwerk*, à l'ouest de la bouche de l'Elbe : elle appartient à Hambourg ; — et plus loin, l'*île d'Helgoland*, très-petite, mais importante par sa position ; c'est une des stations militaires de la marine anglaise.

DIVISIONS.

Les nombreux états qui composent la confédération germanique, même en exceptant la Prusse et l'Autriche, comme nous l'avons fait, sont assez difficiles à étudier, et il est indispensable de suivre attentivement la disposition établie dans le tableau suivant. Nous y avons classé tous les états dans l'ordre géographique, en y formant trois grandes divisions, savoir :

États du nord, depuis la mer du Nord et la mer Baltique, jusqu'à le Harz-Gebirg ;

Etats du centre, depuis le Harz-Gebirg jusqu'à l'Erz-Gebirg à l'est, et le mont Tonnerre à l'ouest;

Etats du sud, qui s'étendent de l'Erz-Gebirg et

du mont Tonnerre jusqu'aux pays de la confédération qui dépendent de l'Autriche, et jusqu'à la Suisse.

Nous indiquons aussi dans ce tableau, les capitales de ces divers états avec les villes plus considérables qui s'y trouvent, et les *numéro* de renvois qui se rapportent à la carte et qui sont indiqués dans la table qu'on y a placée.

ETATS DU NORD au nombre de 13, formant 1 royaume, 3 grands-duchés, 3 duchés, 2 principautés, 3 républiques et une eigneurie.

	Etats.	*Capitales.*	*Villes remarquables.*
AU NORD DE L'ELBE.	26. Le grand duché de Mecklenbourg Schwerin	Schwerin.	*Rostock.*
	27. Le grand-duché de Mecklenbourg-Strelitz......	Neu-Strelitz.	
	11. La république de Lubeck.	LUBECK.	
	38. Le duché de Holstein. . .	Kiel.	ALTONA.
	39. Le duché de Lauenbourg.	Lauenbourg.	
	12. La république de Hambourg.	HAMBOURG.	
EN DEÇA DE L'ELBE.	1 Le royaume de Hanovre.	HANOVRE.	*Gottingen*, Hildesheim, Lunebourg, Osnabruck.
	10. La république de Brême.	BRÊME.	
	21. Le grand-duché d'Oldenbourg..	Oldenbourg.	
	36. La seigneurie de Kniphausen	Kniphausen.	
	35. La principauté de Lippe-Schauenbourg.	Buckeburg.	
	34 La principauté de Lippe-Detmold.	Detmold.	
	13. Le duché de Brunswick.	BRUNSWICK.	

ETATS DU CENTRE, au nombre de 20, savoir : 1 royaume, 3 grands-duchés, 7 duchés,

6 principautés, 1 électorat, 1 landgraviat et 1 république.

	États.	*Chefs-lieux.*	*Villes remarquables.*
A l'est des sources de la Fulde.	23. Le duche d'Anhalt-Dessau..	Dessau.	
	24. Le duché d'Anhalt-Bernbourg.	Bernburg.	
	25. Le duche d'Anhalt-Cothen.	Cothen.	
	3. Le royaume de Saxe.	DRESDE.	LEIPZIG, Freyberg, Bautzen.
	7. Le duché de Saxe-Altenbourg.	Altenbourg.	
	4. Le grand-duche de Saxe-Weimar.	*Weimar.*	Iena.
	5. Le duche de Saxe-Cobourg-Gotha.	*Gotha.*	Cobourg.
	6. Le duche de Saxe-Meiningen.	Meiningen.	Hildburghausen.
	14. La principaute de Reuss-Greitz.	Greitz.	Gera *qui appartient en commun aux trois princes.*
	15. La principaute de Reuss-Schleitz.	Schleitz.	
	16. La principaute de Reuss-Lobenstein-Ebersdorf.	Ebersdorf.	
	29. La principauté Schwarzbourg-Rudolstadt.	Rudolstadt	
	29 La principaule de Schwarzbourg-Sondershausen.	Sondershausen.	
A l'ouest des sources de la Fulde.	32 La principaute de Waldeck	Corbach.	
	32. La Hesse-Electorale ou Hesse-Cassel	CASSEL.	Fulde, Hanau.
	31. Le grand duche de Hesse-Darmstadt.	*Darmstadt.*	MAYENCE, Worms.
	33. Le Landgraviat de Hesse-Hombourg.	Hombourg.	
	17. Le duche de Nassau	Wiesbaden.	
	9. La republique de Francfort-sur-le-Mein	FRANCFORT.	
	8. Le grand-duche de Luxembourg.	Luxembourg.	

ETATS DU SUD. Au nombre de 6, formant 2 royaumes, 1 grand duché, et 3 principautés.

	Etats.	*Chefs-lieux.*	*Villes remarquables*
À L'EST.	2. Le royaume de Bavière.	MUNICH.	RATISBONNE, NURENBERG, *Bamberg*, *Würzbourg*, AUGSBOURG, Anspach, Bayreuth, et Passau.
À L'OUEST.	20. Le royaume de Wurtemberg.	STUTTGARD.	Ulm.
	28. Le grand-duché de Bade.	*Carlsruhe.*	*Manheim*, Constance, Freybourg.
	19. La principauté de Hohenzollern-Hechingen. . .	Hechingen.	
	18. La principauté de Hohenzollern-Sigmaringen.	Sigmaringen.	
	37. La principauté de Lichtenstein..	Wadutz.	

On peut remarquer que plusieurs de ces états forment des enclaves, et se trouvent compris les uns dans les autres, d'une manière assez embarrassante : mais il faut s'attacher surtout au noyau principal de chaque état, et bien s'assurer de sa position relative.

Il faut remarquer encore que les états du centre sont généralement beaucoup plus petits que ceux du nord, et que ceux du sud sont les plus considérables.

Enfin, il est bon d'observer aussi que dans notre tableau, nous avons classé les états, en rapprochant ceux qui ont une dénomination commune, ce qui sert à simplifier beaucoup l'étude de cette partie de l'Europe, et réduit à

26 noms différents les 39 états secondaires de l'Allemagne.

PENTES ET FLEUVES.

Les fleuves nombreux qui arrosent l'Allemagne appartiennent à trois pentes différentes : la *pente de la mer du Nord* ou *de l'océan Atlantique*, et *la pente de la mer Baltique*, qui font partie du grand versant européen du nord-ouest ; — et la *pente de la mer Noire*, dans le versant du sud-est (voy. première série, pages 104, 112).

1° PENTE DE LA MER DU NORD.

Cette pente est la plus considérable des trois : elle embrasse toute l'Allemagne occidentale, et comprend une partie du Wurtemberg et de la Bavière ; presque tout le grand-duché de Bade ; tous les petits états du centre ; le Hanovre, le grand-duché d'Oldenbourg, et une partie du Holstein.

Les fleuves principaux qu'on y trouve sont :

Le *Rhin*, qui vient de la Suisse, qu'il sépare de l'Allemagne, ainsi qu'une partie de la France; il passe à *Wadutz*, capitale de la principauté de Lichtenstein ; à *Constance*, dans le grand-duché de Bade ; à *Spire*, dans le cercle du Rhin, appartenant à la Bavière ; à *Manheim*, dans le grand-duché de Bade ; à *Worms* et à MAYENCE, dans le grand-duché de Hesse-Darmstadt. Il reçoit :

A GAUCHE : — La *Spire*, qui passe par la ville du même nom, située à son confluent, — la *Moselle*, qui limite au sud-est le Luxembourg, etc.

A DROITE : — Le *Necker*, qui traverse du nord au sud le Wurtemberg, où il arrose *Rottweil*, *Rotenburg*, *Tubingen*, *Esslingen*, STUTTGARD, *Ludwigsbourg* et *Heilbronn*; après cette ville, il entre dans le grand-duché de Bade, et passe à *Heidelberg* et à *Manheim*, où il se joint au Rhin : cette grande rivière reçoit, à gauche, l'*Enz*, et à droite, le *Kocher*, qui passe à *Hall*; — le *Mein*, qui traverse de l'est à l'ouest et en faisant de grands circuits, la Bavière septentrionale et le grand-duché de Hesse-Darmstadt : il arrose, dans la Bavière, *Bayreuth*, *Schweinfurth*, *Wurtzbourg* et *Wertheim*, dans le grand-duché de Bade; *Aschaffenbourg*, encore dans la Bavière; *Hanau*, *Offenbach* et FRANCFORT, et se jette dans le Rhin en face de *Mayence*, après avoir traversé le grand-duché de Hesse-Darmstadt : il reçoit à gauche le *Pegnitz* qui passe à *Nurenberg*; le Rhin reçoit encore à droite la *Lahn*, qui vient de la Hesse-Electorale, où elle arrose *Marburg*, traverse le grand-duché de Hesse-Darmstadt, où elle baigne *Giesen*; et coule ensuite à travers le duché de Nassau, en passant à *Dietz*; — la *Sieg*, la *Rhür* et la *Lippe*, qui passe à *Lippstadt*, appartenant à la principauté de Lippe-Detmold.

L'*Ems*, qui traverse la partie occidentale du roya[illegible] de Hanovre et passe à *Lingen*, *Meppen*, et [illegible] jette dans le Dollart : elle reçoit,

A DROITE :—la *Haase*, qui passe à *Osnabruck* et se jette dans l'Ems, à *Meppen*.

Le *Weser*, formé de la *Fulde*, qui vient de la Bavière, traverse la Hesse-Electorale et passe à *Fulde*, *Hersfeld* et CASSEL ; et de la *Werra* qui traverse la partie occidentale des duchés de Saxe, où elle arrose *Hildburghausen* et *Meinungen*, puis la Hesse-Electorale, où elle arrose *Eschwege* et *Wilzenhausen*. La Fulde et la Werra se réunissent à *Munden*, dans le Hanovre, et c'est là que commence le Weser. Ce fleuve sépare la Hesse-Electorale du Hanovre, passe à *Bodenwerder* et à *Hameln* qui sont au Hanovre ; il passe à *Rinteln* qui appartient à la Hesse-Electorale ; à *Nienburg*, dans le Hanovre, et à BRÊME. Il reçoit :

A GAUCHE : — la *Hunte*, qui arrose *Diepholz* dans le Hanovre, et *Oldenbourg* dans le grand-duché de ce nom.

A DROITE : — l'*Aller*, qui passe à *Celle* dans le Hanovre : il est grossi, à gauche, par l'*Ocker*, qui passe à *Wolfenbuttel* et à BRUNSWICK, dans le duché de ce nom, et par la *Leine*, qui arrose *Gottingen* et HANOVRE, dans le royaume de ce nom.

L'*Elbe*, qui vient de la Bohême, traverse le royaume de Saxe, où elle passe à *Pirna*, DRESDE et *Meissen ;* non loin de *Dessau*, dans la principauté d'Anhalt-Dessau ; et après avoir encore traversé la monarchie prussienne, elle passe à *Domitz*, dans le Mecklenbourg ; à *Lauenbourg*, dans le duché de ce nom ; puis elle se divise en deux grands bras qui forment vers son embouchure un grand nombre d'îles : le bras méridional passe à *Harburg*, ville du Hanovre; l'autre arrose HAMBOURG et *Altona*, dans le Holstein; plus loin encore, on trouve sur la rive gauche de l'Elbe, *Stade*, qui est dans le royaume de Hanovre. Ce fleuve reçoit :

A GAUCHE : — la *Mulde*, formée par deux branches principales ; la branche occidentale qui est la plus considérable, passe à *Schneberg*, *Zwickau* et *Glauchau*; l'autre branche passe à *Freyberg* : toutes ces villes sont dans le royaume de Saxe; la Mulde traverse ensuite les états prussiens et va arroser *Dessau* à son confluent avec l'Elbe, dans les principautés d'Anhalt; —la *Saale*, qui vient du Fichtel-Gebirg, dans la Bavière, où elle passe à *Hof*; elle traverse ensuite la principauté de *Reuss-Ebersdorf*, passe à *Rudolstadt*, dans la principauté de Schwarzbourg; à *Iéna*, dans le grand-duché de Saxe-Weimar; et puis après avoir traversé la Prusse, elle arrose *Bernburg*, dans les principautés d'Ahalt. cette rivière est grossie à gauche par l'*Unstrut*; et à droite par l'*Elster Noir*, qui passe à *Plauen*, dans le royaume de Saxe; à *Greitz* et à *Géra*, dans les principautés de Reuss; et par la *Pleiss*, qui vient du royaume de Saxe, passe à *Altenbourg*, dans le duché de Saxe-Altenbourg; et à *Leipzig*, dans le royaume de Saxe.

A DROITE : — l'Elbe reçoit l'*Elster Blanc*, qui vient du royaume de Saxe; le *Havel*, grossi de la *Sprée*, qui arrose *Bautzen*, dans le royaume de Saxe; et l'*Elde*, qui sort du lac Muritz, dans le grand-duché de Mecklenbourg, où elle arrose *Parchim*, et *Ludwiglust* et *Domitz*, à son confluent avec l'Elbe.

2° PENTE DE LA MER BALTIQUE.

Cette pente comprend une partie du duché de Holstein ; la république de Lubeck, et une grande portion des grands-duchés de Mecklenbourg ; il faut se rappeler que nous ne décrivons point dans cette carte les états prussiens de la confédération, et qui sont aussi renfermés, avec beaucoup d'autres pays, dans la pente de la mer Baltique.

Nous y trouvons :

L'*Eyder*, dans le Holstein, petit fleuve qui arrose *Kiel*, à son embouchure;

La *Trave*, qui arrose LUBECK et *Travemunde*, à sa large embouchure ;

Le *Warnow*, qui traverse le Mecklenbourg et passe à *Rostock ;*

La *Pechnitz*, qui sépare le Mecklenbourg de la Prusse ;

L'*Oder*, dont la *Neisse*, l'un de ses affluents, passe à *Zittau*, dans le royaume de Saxe.

3° PENTE DE LA MER NOIRE.

Cette pente embrasse une petite portion du grand duché de Bade; une partie du royaume de Wurtemberg et des principautés de Hohenzollern, avec toute la partie méridionale de la Bavière. On y trouve un seul fleuve :

Le *Danube*, qui prend sa source près de *Willingen*, dans le grand-duché de Bade, arrose *Tuttlingen*, dans le Wurtemberg; *Sigmaringen*, dans la principauté d'Hohenzollern; puis traverse le Wurtemberg, où il arrose *Ulm*, à son entrée dans la Bavière. Dans ce dernier pays il passe à *Neuburg*, *Ingolstadt*, RATISBONNE et *Passau*. Il reçoit,

A GAUCHE : — l'*Altmuhl*, qui passe à *Eichstadt;* — le *Nab*, qui se joint au Danube en face de RATISBONNE.

A DROITE :—l'*Iller*, qui passe à *Kempten*, près de *Memmingen*, sépare le Wurtemberg de la Bavière, et se joint au Danube à *Ulm;* — le *Lech*, qui arrose *Augsbourg*;—l'*Iser*, qui passe à MUNICH et à *Landshutt* : il est grossi à gauche par l'*Ammer* qui sort du lac de ce nom;—l'*Inn*, grossi de l'*Alz* et de la *Salza*, et qui sépare avec cette dernière la Bavière de l'empire d'Autriche : l'Inn arrose *Passau*, à son confluent avec le Danube.

MONTAGNES.

Les montagnes les plus élevées de l'Allemagne se trouvent dans les provinces qui appartiennent à l'Autriche et à la Prusse, et que nous ne décrivons point ici : elles s'étendent vers le sud et vers l'est : ce sont les Alpes et les montagnes de la Bohême.

A mesure que les chaînes s'éloignent de ces deux massifs principaux, elles deviennent moins considérables et s'abaissent insensiblement, surtout dans la partie septentrionale de l'Allemagne où elles ne sont plus que de simples collines. Nous allons cependant indiquer les plus remarquables.

A la gauche du Rhin :

Les *Vosges*, qui viennent se terminer au *mont Tonnerre*, dans le cercle du Rhin qui dépend de la Bavière ;

L'*Eiffel-Gebirg*, dans le grand-duché du Bas-Rhin, au delà du Luxembourg.

A la droite du Rhin :

Le *Vorarlberg*, qui descend des Alpes et s'étend à la fois dans la Bavière et le Wurtemberg, puis à l'ouest, dans le grand-duché de Bade où il va joindre

Les hauteurs de la *Forêt-Noire*, dans le même grand-duché et dans le Wurtemberg. — A travers ce dernier royaume et celui de Bavière, on peut suivre une *longue chaîne de hauteurs secondaires* qui séparent le bassin du Danube de celui du Rhin, et se joignent au nord-est au *Fichtel-Gebirg*, vers la source de la Saale, du Mein, du Nab et de l'Eger.

L'*Erz-Gebirg* continue au nord-est le Fichtel-Gebirg, et s'étend jusqu'à l'Elbe, séparant la Bohême du royaume de Saxe.

Du Fichtel-Gebirg, qui forme un nœud principal, courent au sud-est, entre la Bavière et la Bohême, les *Bœhmerwald-Gebirg*; — et au nord-ouest, une *chaîne secondaire* qui se bifurque aux sources de la Werra : — une *branche* se dirige à l'ouest et traverse la Hesse-Darmstadt, sous le nom de *Vogelsberg*. Là elle se divise en deux chaînons, l'un qui court au sud-ouest et se termine dans le duché de Nassau, sous le nom de *mont Taunus;* l'autre va s'étendre au nord entre le Weser, l'Ems et le Rhin, prend le nom de *Teutoburgerwald*, dans la principauté de Lippe-Detmold, dans le grand-duché du Bas-Rhin et dans le Hanovre; et puis s'abaisse presque au niveau des plaines; cependant une de ses ramifications revient dans le duché de Nassau, où elle prend le nom de *Wester-Wald;* — l'autre branche qui commence à la source de la Werra, traverse les duchés de Saxe et court au nord dans le Hanovre et la Prusse, sous le nom de *Harz-Gebirg*, et va se terminer sur les bords de l'Elbe.

LACS.

Les principaux lacs des états secondaires de l'Allemagne sont :

Le *lac Müritz* et le lac *Schwerin*, dans le grand-duché de Mecklenbourg;

Le lac *Steinhuder*, dans le Hanovre, entre la Leine et le Weser;

Le *lac Chiem*, entre l'Alz et la Salza; — le lac *Wurm* et le *lac Ammer*, au sud-ouest de Munich, dans la Bavière;

Le *lac de Constance*, le plus grand de tous, et qui touche à la fois au grand-duché de Bade, au Wurtemberg, à la Bavière, à l'Autriche et à la Suisse.

CLIMAT.

Les contrées qui composent l'Allemagne peuvent être classées d'une manière générale, en cinq grandes régions, savoir :

1° *La région septentrionale*, qui s'étend au nord en vastes plaines depuis le Teutoburger-Wald et le Harz-Gebirg jusqu'a la mer du Nord et la mer Baltique. L'air de cette région est épais et humide; la température y est douce à cause de la proximité des mers, et elle abonde en *grains* et en *pâturages :* on y trouve de longs côteaux couverts de bruyères, des marais, des terrains sablonneux, des landes, etc.; mais presque partout l'industrie et le commerce s'y sont largement développés. On y trouve aussi de riches *mines de houille.*

2° La *région centrale* comprise entre le Teutoburger-Wald et le Harz-Gebirg au nord, et le Taunus, le Vogelsberg, le Fichtel-Gebirg et l'Erz-Gebirg au sud. L'air y est généralement froid à cause des grandes forêts qui s'y trouvent et des fleuves nombreux qui y coulent; mais les saisons y sont belles et constantes. Les montagnes y sont d'une hauteur moyenne et renferment de grandes richesses minérales, surtout de l'*argent et du cuivre;* les vallées sont presque toutes fertiles et produisent une quantité suffisante de *grains :* la *vigne* y est peu cultivée. Dans la partie occidentale, vers le Taunus, on remarque des traces d'éruptions volcaniques.

3° *La région rhénane*, qui comprend tout le bassin du Rhin. L'air y est moins pur, les saisons moins constantes, le climat, en général, peu salubre. Mais le sol y est presque partout d'une prodigieuse fertilité et produit les *meilleurs vins* de l'Allemagne.

4° *La région alpique :* elle embrasse les parties méridionales du grand-duché de Bade, du Wurtemberg, de la Bavière, et les provinces de la confédération qui appartiennent à l'Autriche. Cette région a le même climat que la Suisse. On y éprouve de grandes et subites variations de température: dans les vallées les chaleurs sont étouffantes; sur les hauteurs le froid devient extrême.

5° *La région danubienne*, qui comprend la partie méridionale de la Bavière : elle présente un aspect semblable à celui de la région du Rhin, mais son climat, à cause de l'exposition du terrain presque partout septentrional, est à peu près le même que celui de la région centrale. L'hiver de Munich est aussi rigoureux que celui de Dresde. Cette région renferme beaucoup de lacs, et le long du Danube des plaines fertiles.

MINÉRAUX.

Les principales richesses minérales de l'Allemagne, sont :

Des *pierres précieuses* dans le royaume de Saxe; — de l'*argent* dans le même royaume et dans celui de Hanovre; — de l'*étain* dans le royaume de Saxe; — un peu de *cuivre* dans le Hanovre; — du *fer* dans le duché de Nassau; — du *plomb* dans le Hanovre, le duché de Nassau et le royaume de Saxe; du *charbon de terre* et du *sel commun*.

VÉGÉTAUX.

L'Allemagne produit suffisamment du *blé* pour sa consommation, et en abondance toutes sortes de *légumes* et de *fruits;* les *vins* font une partie considérable de ses richesses. — On y cultive avec succès le *lin* et le *chanvre*, surtout dans les duchés de Saxe et dans la Bavière; — on y recueille beaucoup de *tabac* et un peu de *soie;* — enfin elle possède des forêts considérables, entre autres la *Forêt-Noire* et la forêt du *Harz-Gebirg*, qui paraît être les restes de la fameuse forêt *Hercynienne* des anciens.

ANIMAUX.

On estime les *chevaux* de la Bavière et du Mecklenbourg; — de nombreux troupeaux de *moutons* fournissent de la *laine* et une chair plus estimée; — on élève beaucoup de *porcs*, d'*oies*, etc. — Beaucoup de *gibier* se trouve dans les forêts et les montagnes, et l'on y rencontre des *buffles* et des *aurochs* ou taureaux sauvages; — des *ours*, des *sangliers* énormes; — quelques *loups*, — des *gloutons;* — et dans les Alpes, des *marmottes* et des *chamois*, etc.

SUPERFICIE, POPULATION.

La *superficie* des états secondaires de l'Allemagne, moins le Luxembourg et les duchés de Holstein et de Lauenbourg, est d'environ 11,891 lieues carrées; — la *population absolue* de 13,900,000 âmes, ce qui donne pour *chaque lieue* carrée 1,168 habitants,

RELIGION.

La religion *catholique-romaine* professée par plus de la moitié de la population, domine surtout dans la Bavière, le grand-duché de Bade, et les principautés de Hohenzollern et de Lichtenstein; — la *religion luthérienne*, dans le Hanovre, le Wurtemberg, les états de Saxe, le Mecklenbourg, le Brunswick, les principautés de Schwarzbourg, de Reuss et de Waldeck, les républiques de Hambourg, Brême, Lubeck et Francfort-sur-le-Mein, et la seigneurie de Kniphausen; — et la *religion calviniste* dans le duché de Nassau, la Hesse et les principautés de d'Anhalt et de Lippe: ces deux cultes réformés se fondent aujourd'hui l'un dans l'autre sous le nom d'*église évangélique*.

GOUVERNEMENT.

Quoique cette carte n'embrasse pas toute l'étendue de la *confédération germanique*, nous croyons devoir dire quelques mots sur cette alliance politique des États de l'Allemagne, qui, dans ses rapports extérieurs, constitue une puissance collective.

La confédération germanique est formée d'une partie des états prussiens, d'une partie de l'empire d'Autriche, et de tous les états secondaires de l'Allemagne, ou *Allemagne propre*.

Le but de la confédération. est le maintien de la sûreté intérieure et extérieure de l'Allemagne, de l'indépendance et de l'inviolabilité des états confédérés. Ils ne peuvent, sous aucuns prétextes, se faire la guerre, et doivent soumettre leurs différents à la *diète fédérale*, présidée par le plénipotentiaire de l'Autriche. La diète s'occupe des affaires ordinaires, mais quand il s'agit de lois fondamentales ou de grandes mesures à prendre, elle se forme en *assemblée générale*, dont les pouvoirs sont plus étendus.

Néanmoins, chaque état a ses lois et son gouvernement particuliers, mais tous doivent avoir des assemblées représentatives

Francfort-sur-le-Mein, est le siége de la diète fédérale, et le chef-lieu de la confédération germanique.

Les principales places fortes de la confédération, sont : Luxembourg, Mayence, Landau et Ulm.

INDUSTRIE ET COMMERCE.

On peut dire que toutes les branches de l'industrie sont cultivées dans l'Allemagne, et la placent, sous ce rapport, parmi les premiers pays de l'Europe. — Le commerce intérieur, quoique gêné par cette multitude de divisions géographiques, devient chaque jour plus considérable, et le commerce extérieur est très-actif et fort étendu.

Les principales villes commerçantes et industrieuses sont : Hambourg, Lubeck, Brême, Francfort-sur-le-Mein, Leipzig, Dresde, Augsbourg, Brunswick, Hanovre, Nuremberg, etc.

DESCRIPTION PARTICULIÈRE DES ÉTATS ET TOPOGRAPHIE.

Nous allons maintenant nous arrêter un peu à chaque état en particulier, selon son importance ; considérer sa situation, son étendue, et indiquer ses villes les plus remarquables (1).

ÉTATS DU NORD.

Au nord de l'Elbe.

1° Grands-duchés de Mecklenbourg (26, 27).

Ils sont bornés à l'ouest par la république de Lubeck et le duché de Lauenbourg; au sud-ouest par le Hanovre; au sud et à l'est par la Prusse; au nord par la mer Baltique. — Villes : — *Schwérin*, capitale du grand-duché de ce nom, sur le lac de Schwérin : elle a 13,000 habitants et est fort jolie; — *Rostock*, bon port et ville commerçante d'environ 19,000 âmes; — *Ludwiglust*, jolie petite ville sur l'Elde, avec un beau château; — *Neu Strélitz*, capitale du grand-duché de ce nom; petite ville très-agréablement bâtie : 6,000 habitants.

2° Duchés de Holstein et de Lauenbourg (38, 39).

Au nord de l'Elbe et à l'ouest du Mecklenbourg : ils appartiennent au Danemark, et l'on y remarque :—*Kiel*, à l'embouchure de l'Eyder, avec une bonne université et 8,000 habitants; —Altona, sur l'Elbe, à l'ouest de Hambourg, elle fait un commerce actif et sa population s'élève à 27,000 âmes : c'est la deuxième ville du Danemarck;—*Lauenbourg*, capitale du duché de ce nom, très-petite ville sur l'Elbe.

(1) Les numéros qui sont à droite des titres se rapportent à ceux de la carte.

3° République de Lubeck (11).

Son petit territoire, placé entre le Mecklenbourg, le Lauenbourg, le Holstein, et une enclave du grand-duché d'Oldenbourg (21), s'étend jusqu'à la mer Baltique, qui y forme un golfe profond, à l'embouchure de la Trave; — villes : — Lubeck, sur la Trave, ville considérable de 26,000 habitants : on y remarque la cathédrale, l'hôtel-de-ville, l'arsenal et la bourse ; c'était autrefois la capitale de la fameuse ligue anséatique; — *Travemunde*, petite ville, à l'embouchure de la Trave : c'est le port de Lubeck, et elle possède plusieurs bateaux à vapeur qui vont à Copenhague, à Stockholm et à Saint-Pétersbourg.

4° République de Hambourg (12).

Plus de la moitié du territoire de cette république est renfermé entre les deux bras de l'Elbe, le reste s'étend dans le Holstein : mais vers les bouches de l'Elbe, et sur les cotes du Hanovre, elle possède la petite ville de *Cuxhaven*, avec un petit territoire, et de plus, vis-à-vis l'*île de Neuwerk* (12). — Hambourg, sur la rive droite de l'Elbe, et tout près d'Altona. C'est la ville la plus industrieuse et la plus commerçante de l'Allemagne, et sa population dépasse 122,000 âmes. Elle est généralement mal bâtie, mais on y voit plusieurs édifices remarquables, et elle possède un grand nombre d'établissements scientifiques et littéraires.

En deçà ou au sud-ouest de l'Elbe.

5° LE ROYAUME DE HANOVRE (1).

C'est le plus grand des états du nord. Il s'étend des bouches de l'Ems, jusqu'à l'Elbe, et de la mer du Nord, jusqu'au Harz-Gebirg Il est séparé en deux parties très-inégales par les états de Brunswick (13). La partie du sud, qui est beaucoup moins considérable que l'autre, touche au sud à la Hesse-Electorale et à la Prusse ; à l'ouest, encore à la Prusse, et au Brunswick au nord. — La partie septentrionale, qui s'étend entre la Hollande, la Prusse, le Mecklenbourg, Hambourg, et le Holstein, comprend dans son vaste territoire la république de Brême, le grand duché d'Oldenbourg, une partie du Brunswick et de la Lippe (35), avec une enclave de la Hesse électorale (32). — Villes : — HANOVRE, sur la Leine, avec 28,000 âmes, c'est la capitale du royaume : on y remarque plusieurs beaux palais, l'arsenal, la salle de l'opéra, etc : elle fait un commerce d'expédition très-actif ; — nous nommerons encore dans cette partie septentrionale, *Stade*, sur l'Elbe ; — *Lunebourg*, ville commerçante de 12,000 habitants ; — *Hildesheim*, 13,000 âmes ; — *Osnabruck*, avec 11,000 âmes : ses toiles sont renommées ; — *Aurich*, très-petite ville ; — dans la partie du sud : *Clausthal*, qui possède des mines d'argent et de plomb ; — et *Gottingen*, si fameuse par son université, l'une des premières de l'Europe : sa population s'élève à 11,000 habitants.

6° Le grand-duché d'Oldenbourg (21).

Il est situé sur la rive gauche du Weser, et tout entier enclavé dans le royaume de Hanovre, il s'étend jusqu'à la mer du Nord, qui y forme un golfe profond ; et à l'est, il touche à la république de Brême. On y remarque : — *Oldenbourg*, jolie petite ville de 6,000 habitants : c'est la capitale de tout l'état. — Le grand duché d'Oldenbourg possède encore de petits territoires dans le Holstein (21), et entre le Rhin et la Moselle, autour de *Birkenfeld* (21).

7° Seigneurie de Kniphausen (36)

Cette petite seigneurie est sur la mer du Nord, enclavée dans le grand duché d'Oldenbourg. — *Kniphausen*, petit village, avec un château fortifié, en est la capitale.

8° République de Brême (10).

Son petit territoire, à peu près aussi étendu que celui de Hambourg et de Lubeck, s'étend de chaque côté du Weser, entre le grand-duché d'Oldenbourg et le Hanovre. — Brême, grande et commerçante ville de 41,000 habitants. On remarque sa cathédrale luthérienne et l'observatoire particulier, où le médecin Olbers découvrit les deux planètes de Pallas et Vesta.

9° Le duché de Brunswick (13).

Il est irrégulièrement partagé en trois parties principales enclavées entre le Hanovre et la Prusse.

La plus septentrionale est traversée par l'Ocker, et séparée de la Prusse par l'Aller; l'autre portion sépare le Hanovre en deux parties, et s'étend surtout de l'est à l'ouest; la troisième partie (13), moins considérable que les deux précédentes, touche à la fois au Hanovre, à la Prusse, et à une enclave, appartenant à la maison d'Anhalt (24). — Villes : — BRUNSWICK, capitale du duché, sur l'Ocker, avec 36,000 habitants : c'est une ville riche et florissante qui possède plusieurs édifices remarquables ; — *Wolfenbuttel*, avec une belle bibliothèque.

10° LES PRINCIPAUTÉS DE LIPPE (34—35).

Le noyau principal (34) de ces principautés se trouve entre le Weser et les sources de l'Ems et de la Lippe : il est entouré presque entièrement par le grand-duché du Bas-Rhin, qui fait partie de la monarchie prussienne : au nord, il touche au Weser, à une enclave de la Hesse-Electorale et au royaume de Hanovre. — Deux autres parties moins considérables, se trouvent, l'une (35), au nord, vers le lac Steinhuder, entre le Hanovre et l'enclave de la Hesse; l'autre, sur la Lippe, dans le grand-duché du Bas-Rhin (34). — On y trouve : *Detmold;* — *Buckeburg* et *Lippstadt*, très-petites villes.

ÉTATS DU CENTRE.

1° PRINCIPAUTÉS D'ANHALT (23, 24, 25).

Elles se trouvent au confluent de la Mulde et de la Saale avec l'Elbe, au delà de laquelle leur territoire s'étend : c'est le noyau principal; trois petites enclaves se voient ensuite à l'ouest et au nord-ouest (24, 25) : il faut remarquer que toutes ces possessions d'Anhalt sont renfermées dans la monarchie prussienne : une seule, à l'ouest, touche au Brunswick (13) — Villes : — *Dessau*, jolie petite ville de 10,000 âmes, sur la rive gauche de la Mulde ; — *Bernbourg ;* — *Cothen.*

2° ROYAUME DE SAXE (3).

Il s'étend au nord-ouest du Riesen-Gebirg et de l'Erz Gebirg qui le sépare de la Bohême : au nord, il est entouré par la Prusse ; à l'ouest, encore par la Prusse, les duchés de Saxe, les principautés de Reuss et la Bavière ; il forme ainsi un triangle irrégulier dont le grand côté est au nord-ouest et le plus petit à l'ouest.—Villes :— DRESDE, sur l'Elbe, capitale du royaume, grande et belle ville de 70,000 habitants, remarquable par son commerce et son industrie, et où l'on admire plusieurs magnifiques monuments. Elle renferme de superbes et précieuses collections d'antiquités, d objets d'arts, et de belles galeries de tableaux : il y a aussi un grand nombre d'établissements publics scientifiques et littéraires ; —LEIPZIG, sur la Pleiss, avec 41,000 habitants ; c'est une ville industrieuse et commerçante, surtout en librairie ; il s'y tient chaque année trois foires qui sont comptées parmi les plus riches du monde. Son université est célèbre depuis longtemps. C'est dans les environs de Leipzig que se donna la grande bataille de ce nom, qui dura trois jours.

(1813); — *Freyberg*, sur la Mulde, avec de riches mines d'argent et une population de 12,000 âmes, — *Plauen ;* — et *Bautzen*, à l'est sur la Sprée, avec 12,000 habitants : il s'y livra en 1813 une grande bataille gagnée par les Français sur les Prussiens et les Russes.

3° Grand-duché et duchés de Saxe (4, 5, 6, 7).

Leur territoire, très-irrégulièrement découpé, s'étend de l'est à l'ouest, entre la Mulde et la Werra;—l'Unstrut, affluent de la Saale, le limite au nord ; et au sud il s'avance presque vers le Mein supérieur. Ces duchés renferment un grand nombre d'enclaves étrangères dont les principales sont : les principautés de Reuss, à l'est (14, 15, 16); et de Schwarzbourg-Rudolstadt (29) au centre. Ils ont eux-mêmes quelques enclaves qui leur appartiennent, dans la Prusse et dans la Bavière ; mais elles sont peu considérables. A l'est, ils touchent au royaume de Saxe; au nord, à la Prusse; à l'ouest, aux états de la maison de Hesse ; au sud, à la Bavière. — Villes : — *Weimar*, capitale du grand-duché de Saxe-Weimar (4) : elle possède plusieurs établissements scientifiques et littéraires, entre autres le célèbre institut géographique ; elle a un beau château grand-ducal et une population de 10,000 âmes ; — *Iéna*, sur la Saale, petite ville fameuse par son université et par la grande victoire que Napoléon y remporta, en 1806, sur les Prussiens ; — *Eisenach*, avec 9,000 habitants, ville industrieuse, dans la partie occidentale du grand-duché ; — *Gotha*, avec 12,000 habitants, capitale du duché de Saxe-Cobourg-Gotha (5) ; — *Cobourg*, dans la partie sud-est du duché, jolie petite ville de 8,000 âmes ; — *Altenbourg*, capitale du duché de Saxe-Altenbourg (7), sur la rive gauche de la Pleiss, avec 12,000 habitants ; — *Meinungen*, sur la Werra, avec 5,000 âmes ; c'est la capitale du duché de Saxe-Meinungein-Hildburghausen (6) ; — *Hildburghausen*, très-petite ville du même duché, encore sur la Werra.

4° Principautés de Reuss (14, 15, 16).

Elles sont enclavées entre le royaume et les duchés de Saxe, et forment deux parties (14, 15) séparées par le grand-duché de Saxe-Weimar (4) ; la partie septentrionale touche à la Prusse du côté du nord ; la partie méridionale, qui est la plus grande, touche à la Bavière du côté du sud. — Villes : — *Gera*, sur l'Elster-Blanc, 9,000 habitants ; — *Greitz*, sur la même rivière ; — *Schleitz*, — et *Ebersdorf*, près de la Saale, très-petites villes.

5° Principautés de Schwarzbourg (29, 30).

L'une, celle de Rudolstadt (29), est enclavée au centre des duchés de Saxe. — Villes : — *Rudolstadt*, sur la Saale ; — l'autre principauté, celle de Sondershausen (30), est enclavée dans la Prusse et touche à l'ouest à une petite possession du duché de Saxe-Meinungein. — Villes : — *Sondershausen*, très-petite ville ; — *Arnstadt*, avec 5,000 âmes, au nord-ouest de Rudolstadt.

6° PRINCIPAUTÉ DE WALDECK (22).

Elle est bornée au nord-ouest par le grand-duché du Bas-Rhin ; à l'est et au sud par la Hesse-Electorale. — Villes : — *Corbach*, très-petite ville, en est la capitale. — Cette principauté a encore une petite enclave à l'est des états de Lippe, — et l'on y trouve *Pyrmont*, ville peu considérable.

7° ETATS DE LA MAISON DE HESSE (31, 32, 33).

Ces états sont bornés à l'ouest, par le duché de Nassau, la Prusse et la principauté de Waldeck (22); au nord-est, par le Hanovre et la Prusse; à l'est, par le grand-duché de Saxe-Weimar (4); au sud-est, par la Bavière; au sud, par le grand-duché de Bade et le cercle du Rhin dépendants de la Bavière. — Ils s'étendent du nord-est au sud-ouest, depuis la Werra et le Weser jusqu'au mont Tonnerre et au Necker; de l'est à l'ouest, de la Werra au Wester-Wald. — Villes : — dans la *Hesse-Electorale* (32). — CASSEL, sur la Fulde, ville considérable de 26,000 habitants : c'est la capitale de l'électorat; on y remarque plusieurs belles places, un palais superbe qui n'est point encore achevé, et beaucoup d'autres édifices publics; elle est fort industrieuse et possède un grand nombre d'établissements pour les sciences et les lettres. — *Hanau*, sur le Mein, avec 13,000 âmes, ville importante par son commerce et son industrie; —*Fulde*, sur la rivière de ce nom, avec une belle cathédrale et 9,000 habitants ; — *Marburg*, à l'ouest, près de la Lahn, 7,000 habitants. — Dans le *grand-duché de Hesse-Darmstadt* (31), — *Darmstadt*, entre le Mein et le Rhin, capitale de l'état, avec 20,000 âmes : elle possède un beau palais, de belles églises et un riche musée, etc ;—MAYENCE, ville ancienne et considérable, et l'une des places fortes de la confédération germanique ; elle est située au confluent du Mein et du Rhin, dans une position magnifique. Sa cathédrale, plusieurs autres églises, le palais du grand-duc, sont très-remarquables, ainsi que le pont sur le Danube ; elle possède un grand nombre d'établissements scientifiques et littéraires, et l'on y trouve des restes de la domination romaine ; 31,000 habitants. — *Worms*, si célèbre dans le moyen-âge, ne compte plus que 8,000 âmes : elle est située sur la rive gauche du Rhin, comme Mayence. — Il faut remarquer que ce grand-duché est divisé en deux parties presque égales par la Hesse-Electorale : l'une de ces parties est au nord du Mein, et l'autre au sud de cette rivière. — Hombourg, au nord de Francfort, petite ville capitale du landgraviat de Hesse-Hombourg (33). Il a des possessions à l'ouest du mont Tonnerre.

8° RÉPUBLIQUE DE FRANCFORT-SUR-LE-MEIN (9).

Le territoire très-resserré de cette république est enclavé entre la Hesse et le duché de Nassau. — Villes : — **FRANCFORT**, capitale de la république et de toute la confédération germanique. C'est une ville considérable et l'une des premières de toute l'Allemagne pour l'industrie et le commerce. Elle est située sur la rive droite du Mein, et l'on y remarque, parmi un grand nombre de beaux édifices, sa cathédrale et son hôtel-de-ville : elle possède de riches bibliothèques, des musées, des collections d'objets d'art, et compte plusieurs sociétés savantes et littéraires : sa population s'élève à 60,000 habitants.

9° DUCHÉ DE NASSAU (17).

Son territoire, l'un des mieux arrondis des états du centre, est compris entre le Mein et le Rhin, au sud-est et au nord-ouest; au nord il est borné par le grand-duché du Bas-Rhin, partie de la Prusse; et à l'est par les états de la maison de Hesse. — Villes : *Wiesbaden*, jolie petite ville de 7,000 habitants; c'est la capitale du duché; elle est bâtie sur la pente méridionale du mont Taunus. — Ajoutons ici que le duché de Nassau renferme un grand nombre d'antiquités romaines, qu'on y voit les restes du fameux retranchement des Romains, appelé le *vallum romanum*, et qu'enfin on y trouve d'abondantes eaux minérarales et beaucoup de curiosités naturelles.

10° LE GRAND-DUCHÉ DE LUXEMBOURG (8).

Nous ne citerons dans cet état, qui se trouve à l'ouest du Rhin et au nord de la Moselle, que :—

Luxembourg, place forte qui fait partie de la confédération germanique.

ÉTATS DU SUD.

1° ROYAUME DE BAVIÈRE (2).

C'est le plus grand des états secondaires de l'Allemagne.

LIMITES.

La Bavière est bornée au nord, par les principautés de Reuss, les duchés de Saxe, et la Hesse-Electorale ; à l'ouest, par le grand-duché de Hesse-Darmstadt, le grand-duché de Bade et le royaume de Wurtemberg ; au sud et à l'est, par l'empire d'Autriche et par le royaume de Saxe. — Le CERCLE DU RHIN, qui se trouve à l'ouest de ce fleuve de chaque côté des Vosges, fait partie de la Bavière. — Au sud-ouest, il touche à la France ; au nord-ouest, le grand-duché du Bas-Rhin et une enclave de Hesse-Hombourg ; au nord-est, la Hesse-Darmstadt ; à l'est, le grand-duché de Bade dont il est séparé par le Rhin.

DIMENSIONS, SUPERFICIE, POPULATION.

Du nord au sud, la Bavière a environ 85 lieues *de longueur ;* — et de l'est à l'ouest, ou *en largeur,* 60 lieues ; — sa *superficie* est d'à peu près 3,840 lieues carrées ; — et sa *population absolue* de 4,070,000, selon Balbi, ce qui donne pour chaque lieue carrée, ou pour la *population relative*, 1,059 habitants.

PRINCIPALES VILLES.

Munich, sur l'Iser, capitale du royaume, avec une population de 100,000 âmes. C'est une très-belle ville et l'une des plus commerçantes et des plus industrieuses de l'Allemagne. On cite le palais royal, plusieurs belles galeries de tableaux, de dessins et d'objets d'art; l'hôtel-de-ville, le nouveau théâtre; et un grand nombre d'autres édifices remarquables, elle possède aussi plusieurs instituts scientifiques et littéraires, et de très-riches bibliothèques; — Nurenberg, l'une des villes les plus considérables et les plus fameuses de l'Allemagne, quoiqu'elle soit bien déchue de son ancienne splendeur, elle est riche, industrieuse et commerçante, et compte encore 38,000 âmes : elle est sur la Pegnitz, affluent du Mein; — Augsbourg, sur le Lech, au sud du Danube, avec une population de 34,000 habitants : on cite son arsenal, l'hôtel-de-ville et la cathédrale; cette grande ville se distingue aussi par son commerce et son industrie; — Ratisbonne, au confluent du Nab et du Danube : l'hôtel-de-ville et la cathédrale sont ses édifices les plus remarquables; elle fait un commerce considérable d'orfèvrerie et de bijouterie, et compte 26,000 habitants; — *Wurzbourg*, sur le Mein, avec 23,000 âmes : elle possède un superbe château royal; et son université est l'une des plus justement célèbres de l'Allemagne. Elle est industrieuse et fait un commerce actif; — *Passau,* au confluent de l'Inn et du Danube, avec 10,000 habitants; — *Bamberg,* sur la Pegnitz, avec 21,000 âmes; c'est une ville considérable et très-commerçante : on remarque sa cathédrale; — *Anspach,* avec 14,000 habitants et un beau château; — *Bayreuth*, vers la source du Mein : jolie ville de 13,000 âmes; — *Schweinfurth*, sur le Mein; — *Spire*, petite ville de 8,000 habitants, sur la rive gauche du Rhin, et à l'endroit où la Spire vient s'y réunir : c'est la capitale du cercle du Rhin; — *Landau*, l'une des forteresses de la confédération; — et *Deux-Ponts*, petite ville de 7,000 âmes.

2° Royaume de Wurtemberg (20).

Il est compris entre la Bavière, à l'est, et le grand-duché de Bade, à l'ouest; au sud, il renferme l'enclave irrégulière des principautés de Hohenzollern. — Villes : — Stuttgard, sur la rive gauche du Necker, avec une population de 32,000 âmes, est la capitale du royaume : cette ville se distingue par plusieurs beaux édifices, des sociétés savantes et littéraires, et par son active industrie; — *Ludwigsburg*, un peu au nord de Stuttgard : 7,000 âmes; — *Reutlingen*, avec 10,000 habitants; — *Ulm*, place forte au confluent de l'Iller et du Danube : on y voit un bel hôtel-de-ville et une superbe cathédrale; cette ville industrieuse et commerçante, compte au delà de 14,000 habitants; — *Elwangen*, très-petite ville.

3° Principautés de Hohenzollern (18-19).

Leur territoire est enclavé dans la partie méridionale du Wurtemberg, on y remarque : *Héchingen*; — et *Sigmaringen*, sur le Danube.

4° Principauté de Lichtenstein (37).

Cette petite principauté est située sur la rive droite du Rhin, à l'extrémité sud-ouest de la confédération germanique et adossée aux possessions de l'Autriche : —sa capitale est *Wadutz*, sur le Rhin, petit bourg sans aucune importance.

5° Grand-duché de Bade (28).

Il affecte, d'une manière irrégulière, la forme d'une L et s'étend le long du Rhin qui le sépare de la Suisse, au sud, de la France et du cercle du Rhin, à l'ouest; au nord, il est borné par le grand-duché de Hesse-Darmstadt et par la Bavière; à l'est, par le royaume de Wurtemberg. — Villes : — *Carlsruhe* est la capitale du grand-duché, c'est une jolie ville de 20,000 âmes, où l'on remarque surtout le château grand-ducal : elle possède un grand nombre d'établissements savants et littéraires, — *Manheim*, ville considérable de 22,000 habitants, située au confluent du Necker avec le Rhin : c'est une des belles villes de l'Allemagne, et elle se distingue autant par son commerce et son industrie que par ses sociétés savantes et littéraires; — *Freybourg*, au sud, industrieuse et commerçante ville de 15,000 âmes, et dont on vante la cathédrale; —

Constance, ancienne et petite ville, sur le lac de ce nom, fameuse dans l'histoire du moyen-âge : on y remarque son antique cathédrale.

Il est utile, avant de quitter l'étude de cette carte, de remarquer que les principales villes des états secondaires de l'Allemagne sont :

Hambourg, Munich, Dresde, Francfort, Leipzig, Brême, Nurenberg, Brunswick, Augsbourg, Stuttgard, Mayence, Hanovre, Altona, Lubeck, Ratisbonne et Cassel.

MONARCHIE PRUSSIENNE.

SITUATION.

Cette monarchie s'étend de l'ouest à l'est, entre le 3e et le 21e degré de longitude orientale de Paris ; — et du nord au sud, entre le 49e et le 56e degré de latitude boréale.

LIMITES.

En ne tenant pas compte de quelques petites enclaves qui lui appartiennent et qui sont entièrement séparées de son territoire, et sans égard aussi pour des enclaves intérieures qui lui sont étrangères, la monarchie prussienne présente *deux parties distinctes* séparées l'une de l'autre par quelques états secondaires de la confédération germanique : — une *partie occidentale* entre la Meuse et le Weser ;—et une *partie orientale* entre le Weser et le Niemen : cette dernière est beaucoup plus considérable que l'autre.

La *partie occidentale*, appelée *grand-duché du Bas-Rhin*, est bornée à *l'ouest*, par la France, le Luxembourg, la Belgique et une partie de la Hollande ;

Au *nord*, à *l'est* et au *sud*, encore par la Hollande et par la confédération germanique.

La *partie orientale* qui forme le noyau principal de la monarchie prussienne, est bornée :

A *l'ouest*, par la confédération germanique ;

Au *sud*, par l'empire d'Autriche ;

A *l'est*, par la Pologne et la Russie;
Au *nord*, par la mer Baltique.

Il est important de remarquer que les deux parties principales qui composent cette monarchie *ne sont séparées* l'une de l'autre que par *une distance d'environ 8 ou 9 lieues*, à travers le Hanovre et la Hesse-Electorale. (*Voy.* la carte des Etats secondaires de l'Allemagne.)

MERS ET GOLFES.

La *mer Baltique*, qui baigne les côtes septentrionales de la Prusse, y forme de l'ouest à l'est :

Le *Kleine-Haff* et le *Grosse-Haff*, vers l'embouchure de l'Oder et entre le continent et les îles Usedom et Wollin, dans la Poméranie ;

Le *golfe de Dantzick*, vers les bouches de la Vistule, et ce golfe lui-même présente le *Putziger-Wieck* et la grande lagune appelée *Frische-Haff*, sur les côtes de la Prusse occidentale et de la Prusse orientale ;

Sur les côtes de cette dernière province on trouve l'immense lagune de *Curische-Haff*, dans laquelle se jette le Niemen.

PRESQU'ILES.

On en trouve trois assez remarquables, savoir :

La presqu'*île de Putziger-Wieck*, au nord-est de cette rade ; — et deux autres plus considérables : le *Frische-Nehrung*, vers le Frische-Haff ; — et le *Curische-Nehrung*, vers le Curische-Haff : elles se distinguent toutes par un caractère particulier : elles sont fort étroites et fort longues ; le Curische-Nehrung n'a pas une lieue de largeur, et sa longueur dépasse 23 lieues

ILES.

Elles se trouvent sur les côtes de la Poméranie, et sont au nombre de trois, savoir :

L'île de Rugen, qui est la plus considérable, et dont la capitale, placée au centre, est *Bergen;* autour de cette île on en trouve quelques autres très-peu considérables :

L'île de Usedom; et *l'île Wollin*, à l'embouchure de l'Oder.

DIVISIONS.

La monarchie prusienne se divise actuellement en *huit provinces* principales dont *cinq* font partie de la confédération germanique : le tableau suivant les fait connaître avec leurs chefs-lieux et les villes les plus remarquables qui s'y trouvent :

	Provinces.	*Capitales.*	*Villes remarquables.*
Provinces qui font partie de la confédération germanique.	Le grand-duché du Bas Rhin.	Cologne.	Munster, Aix-la-Chapelle, Dusseldorf, Elberfeld, Bonn, Coblentz, Treves, Arensberg, Minden, Cleves, Juliers, Sarrelouis.
	La Saxe.	Magdebourg.	Halle, Erfurth, Merseburg, Wittemberg.
	Le Brandebourg.	BERLIN.	Potsdam, Francfort-sur l'Oder.
	La Poméranie.	Stettin.	Stralsund-Coslin.
	La Silésie.	Breslau.	Liegnitz, Oppeln.

	Provinces.	*Capitales.*	*Villes remarquables.*
	—	—	—
Pays polonais.	Le duché de Posen.	Posen.	Bromberg, Gnesen ou Gnesne.
Ancienne Prusse.	La Prusse occidentale.	Dantzick.	Elbing, Thorn, Marienwerder.
	La Prusse orientale.	Konigsberg.	Memel, Tilsit, Gumbinnen.

Ajoutons que la monarchie prussienne possède encore le canton suisse de *Neufchâtel*, qui fait partie de la confédération helvétique.

PENTES ET FLEUVES.

Tous les fleuves qui arrosent les diverses provinces de la monarchie prussienne, appartiennent à deux pentes du versant nord-ouest de l'Europe, à la pente de la mer du Nord, et à la pente de la mer Baltique. (*Voy.* 1re série, pages 104-108).

1° PENTE DE LA MER DU NORD OU DE L'OCÉAN ATLANTIQUE.

Cette pente embrasse tout le grand-duché du Bas-Rhin, toute la Saxe, une grande partie du Brandebourg, et une très-petite portion de la Silésie : elle se compose d'une partie de *cinq bassins*, de la Meuse, du Rhin, de l'Ems, du Weser et de l'Elbe.

1° Bassin de la Meuse.

La *Roër*, affluent oriental de la Meuse, et qui passe à *Juliers*.

2° Bassin du Rhin.

Le *Rhin*, qui entre dans le grand-duché du Bas-Rhin, vers Coblentz, et passe à *Neuwied*, Bonn, Cologne Dusseldorf, *Duisbourg*, *Wesel*, et *Emmerich* : un peu à l'ouest de cette dernière ville, le Rhin entre dans la Hollande. Ce grand fleuve reçoit :

A gauche. — La *Moselle*, qui passe à Trèves, et se joint au Rhin à Coblentz : elle est grossie par la *Sarre*, qui passe à *Sarrelouis*.

A droite. — La *Lahn*, qui passe à *Wetzlar*, et se jette dans le Rhin, vers Coblentz ; — la *Ruhr*, qui descend de l'Egge-Gebirg, et arrose *Arensberg*, *Mulheim* et *Duisbourg*, où elle se joint au Rhin ; — la *Lippe*, qui vient des mêmes montagnes que la précédente, et passe à *Hamm* et à *Wesel*, à son confluent avec le Rhin.

3° Bassin de l'Ems.

L'*Ems*, qui coule dans la mer du Nord, descend du Teutoburger-Wald, et passe à *Warendorf*, et près de Munster.

4° Bassin du Weser.

Le *Weser*, formé par la réunion de la *Fulde* et de la *Werra*, passe à *Minden*.

5° BASSIN DE L'ELBE.

L'*Elbe*, qui prend sa source dans la Bohême, au pied du Riesen-Koppe, passe à *Torgau*, *Wittemberg* et MAGDEBOURG ; elle reçoit :

A GAUCHE. — La *Mulde*, qui passe près d'*Eilenburg* ; — la *Saale*, qui descend du Thuringer-Wald, et arrose *Naumburg*, *Weissenfelds*, *Merseburg*, *Halle* et *Calbe* : elle est grossie, à droite, par l'*Elster* (blanc), qui passe à *Zeitz*.

A DROITE. — L'*Elster* (noir), qui se joint à l'Elbe, un peu avant *Wittemberg*; — le *Havel*, qui passe à *Spandau*, POTSDAM, *Brandebourg* et *Rathenau* : elle forme, depuis Spandau, jusqu'à l'ouest du Brandebourg, une longue suite de lacs ou de marais profonds ; cette rivière est grossie par la *Sprée*, qui vient du sud, et arrose *Spremberg*, *Cottbus*, *Lubben*, et passe près de *Friedland*, à BERLIN, et à *Charlottenbourg*.

2° PENTE DE LA MER BALTIQUE.

Cette pente comprend presque toute la Silésie, une grande partie du Brandebourg, la Poméranie, le duché de Posen, et la Prusse occidentale et orientale.

Les principaux fleuves qui y coulent, sont :

La *Recknitz*, qui sépare la Poméranie du Mecklenbourg, et passe à *Demmin* ;

L'*Oder*, qui vient du sud-est, et dont le bassin appartient presque tout entier à la Prusse : il passe à *Ratibor*, *Kosel*, OPPELN, *Brieg*, BRES-

LAU, *Gros-Glogau*, *Crossen*, FRANCFORT-*sur-l'Oder*, *Custrin*, *Schwedt*, STETTIN. — Il reçoit :

A GAUCHE. — La *Neisse supérieure*, qui arrose *Glatz* et *Neisse;* — le *Bober*, qui passe à *Hirschberg*, *Bunzlau*, *Sagan* et *Crossen*, où il se joint à l'Oder ; — la *Neisse inférieure*, qui arrose *Gorlitz* et *Guben*.

A DROITE. — La *Warta*, qui vient de la Pologne, et passe à *Schrimm*, POSEN, *Obornik*, *Birnbaum*, à *Landsberg*, et à *Custrin*, où elle se jette dans l'Oder : cette grande rivière reçoit à droite, la *Netze*, qui passe près d'*Inowrazlau*, à *Nakel* et *Tschernitzow;* la Netze, est elle-même grossie par le *Kuddow ;* — le *Plone*, et l'*Ihna* qui passe à *Stargard :* ces deux petites rivières coulent à l'est de Stettin, et communiquent l'une à l'autre par un lac

Le *Rega;* — le *Persantz*, petits fleuves côtiers, dont le dernier passe à *Colberg*, situé à son embouchure ;

La *Vistule*, qui vient de l'Autriche, traverse la Pologne, et entre dans la Prusse, près de THORN ; elle arrose ensuite *Culm*, *Schwetz*, MARIENWERDER, et se divise en plusieurs branches : la branche occidentale, arrose DANTZICK, à son embouchure ; l'orientale, passe à *Marienburg*, l'ancienne résidence des chevaliers teutoniques, et près d'*Elbing :* cette branche orientale porte le nom de *Nogath*, et a son embouchure dans le Frische-Haff ; la branche qui passe à Dantzick, se nomme *Motlau :* — sur le territoire prussien, la Vistule reçoit à droite le *Drewenz* qui passe à *Strasburg*, et sépare la Prusse de la Pologne ;

La *Passarge*, qui coule au nord, passe à *Braunsberg*, et débouche dans le Frische-Haff;

Le *Prégel*, qui passe à *Wehlau* et à KOENIGSBERG, vers son embouchure, dans le Frische-Haff : il est formé de l'*Alle*, qui arrose *Allenstein*, *Heilsberg*, *Friedland* et *Wehlau;* — et de la *Rominte*, qui passe à *Insterberg ;*

Le *Niemen*, fleuve considérable, qui vient de Russie, passe à *Tilsit*, et se jette dans le Curische-Haff; il prend à son embouchure le nom de *Memel*.

MONTAGNES.

Dans le grand-duché du Bas-Rhin, et à l'ouest du fleuve, on voit les collines de l'*Eiffel-Gebirg*, qui se terminent un peu au-dessous de Coblentz ; à l'est de la Westphalie, on trouve successivement du sud au nord, le *Rothaur-Geb ;* — l'*Egge-Geb ;* — et le *Teutoburger-Wald;* mais ces petites montagnes n'atteignent pas une grande hauteur : elles séparent les bassins du Rhin et de l'Ems, de celui du Weser.

Au sud, dans la Silésie, et entre cette province et la Bohême, s'élève le *Riesen-Geb* ou *Gebirg*, dont le plus haut sommet, le *Riesen-Koppe*, de 825 toises au-dessus de l'Océan, est le point culminant de toute la monarchie.

LACS PRINCIPAUX.

Les lacs les plus remarquables de ce royaume, sont :

Le *lac Leba*, vers la ville de ce nom, dans l'est de la Poméranie ; — le *lac Jésérich* et le *lac Drewenz*, où la rivière de ce nom prend sa source ; — le *lac Spirding* et le *lac Mauer*, dans la Prusse orientale, qui en renferme un grand nombre d'autres moins considérables.

CLIMAT, MINÉRAUX, VÉGÉTAUX, ETC.

La Prusse est en général un pays d'immenses plaines, la plupart sablonneuses et peu fertiles, à l'exception de quelques parties qui bordent les fleuves et les rivières : l'agriculture y est portée à un haut degré de perfection, et le sol produit abondamment du *seigle* et de l'*orge* : le *froment* n'y réussit point et rapporte peu ; on y recueille une immense quantité de *pommes de terre* et de toutes sortes de *légumes*, dont on fait une considerable exportation. Dans les grands pâturages, vivent une multitude de troupeaux de *moutons*, de *bœufs*, et de *porcs* qui fournissent, surtout dans le duché du Bas-Rhin, les meilleurs *jambons* de l'Allemagne. Les troupeaux de moutons fournissent une quantité de *laine estimée*, suffisante aux besoins des manufactures. Les *chevaux*, quoique n'étant pas d'une belle race, s'y perfectionnent tous les jours. On trouve, dans plusieurs endroits, des forêts assez considérables pour fournir aux besoins du pays et au commerce extérieur. — Les richesses minérales, généralement, n'y sont pas abondantes, mais elles sont très-variées, et l'on y trouve un peu d'*or* et d'*argent*, du *cuivre*, du *fer*, du *zinc*, du *charbon de terre* et du *sel*. Le climat y est tempéré, et généralement très-sain.

SUPERFICIE.

La *superficie* totale de la monarchie prussienne est de 13,966 lieues carrées, habitées par une *population* de 12,164,000 âmes, selon Balbi, ce qui donne pour la *population relative*, ou pour chaque lieue carrée, environ 870 habitants — Ajoutons que depuis *Sarrelouis*, au sud-est, jusqu'à *Gumbinnen*, au nord-est, la Prusse a, dans sa *plus grande dimension*, à peu près 280 lieues.

RELIGION.

La religion protestante, qui renferme tous les cultes réformés, est professée par la majeure partie de la population ; mais l'*église catholique romaine*, à la tête de laquelle se trouve l'archevêque de Cologne, jouit des mêmes droits, ainsi que tous les autres cultes, même celui des *juifs*, qui ne sont pas en grand nombre.

GOUVERNEMENT.

On peut dire que maintenant la Prusse forme une *monarchie constitutionnelle*, depuis que le roi actuel a ordonné l'assemblée des trois ordres de l'Etat, pour faire l'application des principes constitutifs, dans toutes les provinces qui composent la monarchie.

INDUSTRIE ET COMMERCE.

Les principales branches de l'*industrie prussienne*, l'une des plus perfectionnées de l'Europe, sont les manufactures de *toile*, dans la Silésie et la Westphalie ; de *laine*, dans presque toute l'étendue de la monarchie, mais surtout dans le Bas-Rhin ; de *fer*, aussi dans le Bas-Rhin, et dans la Silésie, de coton, de soie, et de cuir.

Le *commerce intérieur* est fort actif, et ses principaux foyers sont : *Berlin* et *Breslau;* puis *Magdebourg*, *Cologne*, *Francfort-sur-l'Oder*, *Posen*, *Aix-la-Chapelle* et *Coblentz*, etc.

Les principales places du *commerce extérieur*, qui se fait par terre et par mer sont : — *Dantzick*, *Meml*, *Kœnigsberg*, *Stralsund* et *Stettin*.

TOPOGRAPHIE.

Nous allons maintenant faire connaître les villes les plus considérables de la monarchie, en suivant l'ordre des provinces dans le tableau que nous avons donné.

1° DANS LE GRAND-DUCHÉ DU BAS-RHIN.

Cologne, capitale de tout le duché : c'est une grande et fameuse ville, dont la population qui s'accroît sans cesse, s'élève maintenant à 65,000 âmes : on y remarque, parmi un grand nombre de beaux édifices, le magnifique et vaste *dôme*, qui est sa cathédrale, et l'hôtel-de-ville : elle fait un très-grand commerce, et possède plusieurs bateaux à vapeur, qui descendent ou remontent le Rhin, vers les villes voisines ;

Aix-la-Chapelle, l'antique capitale de l'empire de Charlemagne, et où se trouve son tombeau dans le *Munster*, église qu'il avait fait bâtir ; on y remarque encore l'hôtel-de-ville et le theâtre. Les reliques que cette ville possède y attirent tous les sept ans une grande affluence de pèlerins, et cette année 1839, il y en aura une exposition. Cette ville célèbre compte environ 37,000 habitants ;

Elberfeld, ville industrieuse et commerçante, et dont la population s'élève à 30,000 âmes : elle est au nord est de Cologne ;

Dusseldorf, sur le Rhin, avec un vieux château ; on y compte 24,000 habitants ;

Trèves, sur la Moselle ; elle fut longtemps sous la domination romaine, la première ville des Gaules, et l'on y trouve encore des restes imposants de sa grandeur et de sa magnificence : elle a une faible population de 16,000 habitants environ ;

Bonn, sur le Rhin, avec 12,000 âmes : c'est une des villes les plus industrieuses et les plus commerçantes du Bas-Rhin ;

Munster, près de l'Ems, dans la WESTPHALIE, ville assez considérable de 21,000 habitants :

c'est là que fut signé le fameux traité de Westphalie, en 1648.

Coblentz, ville forte, au confluent de la Moselle et du Rhin, dans une position charmante, avec une population de 12,000 âmes.

On doit remarquer encore dans le Bas-Rhin :

Arensberg; — *Minden*, ville commerçante ; — — *Clèves*; — *Juliers*, place forte ; — *Sarrelouis* et *Paderborn*, déjà fameuse sous Charlemagne.

2° DANS LA PROVINCE DE SAXE.

MAGDEBOURG, grande ville de 51,000 habitants, et capitale de la Saxe ; elle est sur la rive gauche de l'Elbe, et est considérée comme une des plus fortes places de l'Europe : on y remarque surtout la cathédrale, le palais du gouvernement et la citadelle ;

Halle, ville célèbre par son université et par ses mines de sel : on y compte 26,000 âmes ; elle est située sur la Saale, un peu au nord de :

Merseburg, petite ville industrieuse de 8,000 habitants ;

Lutzen, petite ville un peu au sud-est de Merseburg : célèbre par les deux grandes batailles qui s'y sont livrées ;

Erfurth, ville forte et considérable où l'on compte 25.000 habitants.

Wittemberg, petite ville bâtie sur l'Elbe, et fameuse par les tombeaux de Luther et de Mélanchton.

3° DANS LE BRANDEBOURG.

BERLIN, sur la Sprée, grande et belle ville de 240,000 habitants. On y remarque le palais du roi, celui de l'université, deux beaux théâtres, l'arsenal, des places superbes et des ponts magnifiques; elle possède un grand nombre d'établissements scientifiques et littéraires : c'est l'une des villes les mieux bâties de l'Europe : elle est la capitale du Brandebourg et de toute la monarchie prussienne ;

Potsdam, sur le Havel, avec une magnifique résidence royale bâtie par Frédéric-le-Grand : c'est une ville industrieuse et qui renferme 32,000 âmes ;

Francfort-sur-l'Oder, ville très-commerçante de 22,000 habitants.

4° DANS LA POMÉRANIE.

STETTIN, capitale de la Poméranie : elle est bâtie sur l'Oder qui y forme un bon port; par son commerce et son industrie, cette ville est devenue l'une des premières de la monarchie prussienne ; population 32,000 âmes ;

Stralsund, ancienne capitale de la Poméranie suédoise; elle a un bon port et 17,000 habitants : elle possède un bateau à vapeur qui fait le trajet de Prusse en Suède;

Coslin, avec 6,000 âmes : c'est une petite ville commerçante et industrieuse.

5° DANS LA SILÉSIE.

BRESLAU, avec une population de plus de 90,000 âmes : c'est la capitale de la Silésie et la deuxième ville de toute la monarchie prussienne. Sa situation sur l'Oder favorise son commerce et son industrie : elle renferme une assez belle cathédrale et d'autres édifices publics remarquables;

Liegnitz; — et *Oppeln*, petites villes commerçantes et industrieuses, surtout la première

6° DANS LE DUCHÉ DE POSEN.

Posen, sur la Warta : c'est une ville florissante de 28,000 habitants, et la capitale du duché ;

Bromberg et *Gnesen*, qu'on dit être la plus ancienne ville de la Pologne : ces deux villes ont une très-faible population ;

7° DANS LA PRUSSE OCCIDENTALE.

DANTZICK, à l'embouchure de la Moltau, branche occidentale de la Vistule, avec une population de 62,000 habitants : c'est la capitale de la Prusse occidentale, le premier des ports de toute la monarchie prussienne, et l'une de ses plus fortes places : on y remarque sa cathédrale, l'hôtel-de-ville, l'arsenal, etc. ; elle possède plusieurs établissements publics scientifiques et littéraires ;

Elbing, près du Nogath, branche orientale

de la Vistule c'est une ville très-commerçante, et dont la population s'élève à 20,000 âmes ;

Thorn, sur la Vistule, ville forte de 11,000 habitants : elle est fort industrieuse ; c'est la patrie du fameux Copernic ;

Marienwerder, petite ville où l'on remarque une belle et vaste cathédrale.

8o DANS LA PRUSSE ORIENTALE.

KŒNIGSBERG, capitale de toute cette province, grande et commerçante ville de 68,000 âmes : c'est l'ancienne résidence des ducs de Prusse ;

Memel, à l'extrémité septentrionale du Curische-Haff : elle fait un commerce considérable, et compte environ 10,000 habitants ;

Tilsitt, sur le Niemen, fameuse par le traité de Tilsitt, signé en 1807, entre la France, la Prusse et la Russie ;

Gumbinnen, petite ville assez industrieuse ;

Friedland, petite ville fameuse par la grande bataille qu'y gagna l'empereur Napoléon, sur les Russes et les Prussiens réunis.

Ainsi, les principales villes de la monarchie prussienne, sont :

Berlin, Breslau, Kœnigsberg, Dantzick, Cologne, Magdebourg, Aix-la-Chapelle, Stettin, Potsdam, Elberfeld et Halle.

EMPIRE D'AUTRICHE.

SITUATION.

L'*empire d'Autriche* est compris entre le 42e et le 51e degré de latitude boréale, et entre le 6e et le 24e degré de longitude orientale de Paris.

LIMITES.

Il est borné :

A l'*ouest*, par la Bavière, la Suisse et la Sardaigne, dont le Tessin et le lac Majeur la séparent ;

Au *sud*, par le Pô et l'Italie, la mer Adriatique et la Turquie d'Europe, dont la séparent la Save et le Danube ;

A l'*est*, par la Russie ;

Au *nord*, encore par la Russie, la Pologne, la Prusse et la Saxe : c'est la Vistule, qui, dans son cours supérieur, la sépare de la Pologne.

MERS ET GOLFES, ETC.

Cette vaste monarchie est baignée par une seule mer, la *mer Adriatique*, qui forme, au nord, le *golfe de Venise*, dans le royaume Lombard-Vénitien, et le *golfe de Trieste*, sur les côtes de l'Illyrie ; — au sud-est, entre les îles Veglia et Cherso, qui dépendent de la Croatie, on trouve, le *canal de Quarnero ;* — et enfin, tout à fait à l'extrémité de l'empire, au sud-est, on trouve les *Bouches de Cattaro*, golfe assez profond des côtes de la Dalmatie.

PRESQU'ILES.

Nous en signalerons deux :

La *presqu'île d'Illyrie*, qui est comprise entre le golfe de Trieste et le canal de Quarnero ; — et la longue *presqu'île de Sabioncello*, sur les côtes de la Dalmatie, au nord-ouest de Raguse.

ILES.

Elles se trouvent toutes le long des côtes de la Croatie et de la Dalmatie.

Voici les principales :

Veglia, *Cherso*, *Arbe* et *Pago*, à la Croatie ; — *Grossa*, *Ugliano*, *Brazza*, *Lesina*, *Lissa*, *Corzola* et *Meleda*, à la Dalmatie ; ces îles sont assez bien peuplées, et produisent des vins, de l'huile, des amandes, des oranges et des citrons : il s'y fait une pêche abondante de sardines et autres poissons.

DIVISIONS.

Le tableau suivant fait connaître les principales divisions de l'empire d'Autriche, avec leurs capitales et chefs-lieux. Nous les avons classées en *pays allemands*, ou qui font partie de la confédération germanique ; — *pays italiens ;* — *pays hongrois ;* — et *pays polonais.*

	Pays.	*Capitales.*	*Villes remarquables.*
Pays italiens.	Royaume Lombard-Vénitien.	MILAN.	VENISE, Udine, *Padoue*, Trevise, Vicence, Verone, Mantoue, Cremone, Brescia, Bergame, Pavie.
Pays allemands.	Comté du Tyrol. . . .	Inspruck.	Trente.
	Royaume d'Illyrie. . .	Laybach.	Klagenfurt, Trieste.
	Duché de Styrie . . .	*Grætz.*	
	Archi-duché d'Autriche.	VIENNE.	Salzbourg, Lintz.
	Royaume de Bohême.	PRAGUE.	
	Margraviat de Moravie.	Brunn.	Olmutz, Iglau.
	Silesie	Troppau.	
Pays polonais.	Royaume de Galicie .	LEMBERG.	Brody.
Pays hongrois.	Principauté de Transylvanie.	Hermanstadt.	Clausenbourg, Cronstadt.
	Royaume de Hongrie.	Ofen ou Bude.	Presbourg, Temeswar, Szegedin, Debrecin.
	Royaume de Slavonie.	Eszeck.	Peterwardein, Semlin.
	Royaume de Croatie.	Agram.	Carlstadt.
	Royaume de Dalmatie.	Zara.	Spalatro, Raguse.

PENTES ET FLEUVES.

Les pays qu'embrasse l'empire d'Autriche peuvent être divisés, sous le rapport hydrographique, en quatre pentes : deux au nord et deux au sud, savoir :

Pente de la mer du Nord. Pente de la mer Baltique.	Dans le versant nord-ouest.	De l'Europe. (*Voy.* 1re serie, pag. 104-112.)
Pente de la mer Noire. Pente de la mer Adriatique.	Dans le versant sud-est.	

1° PENTE DE LA MER DU NORD.

Elle comprend la Bohême presque tout entière, et ne renferme qu'un seul fleuve :

L'*Elbe*, qui prend sa source dans le Riesing-Gebirg, coule au nord-ouest, et passe à *Josephstadt*, *Kœnigingratz*, *Theresienstadt* et *Leimeritz;*

Elle reçoit, à gauche, — la *Moldau*, qui arrose *Budweis* et PRAGUE : la Moldau est grossie par la *Beraun*, qui passe à Pilsen et à *Beraun;* — l'*Eger*, qui vient de l'ouest, et passe à *Eger*, *Elbogen*, *Carlsbad*, *Saatz* et *Theresienstadt*.

2° PENTE DE LA MER BALTIQUE.

Elle comprend la Silésie, et toute la partie nord-ouest de a Galicie.

On y trouve :

L'*Oder*, qui prend sa source dans la Moravie, non loin de Weisskirchen, et traverse la Silésie ;

La *Vistule*, qui prend sa source dans la Silésie, vers les monts Jablunka, et traverse aussi la Silésie ; elle reçoit, à droite, — le *Dunajec*, qui passe à *Neu-Sandec ;* — le *San*, qui passe à *Sanok* et à *Przemysl ;* — et le *Bug*, qui passe à *Zloczow*.

3° PENTE DE LA MER NOIRE.

Cette pente, de beaucoup la plus considérable de toutes, comprend la partie septentrionale du Tyrol et du royaume d'Illyrie ; l'archiduché d'Autriche, le royaume de Hongrie ; toute la partie méridionale de la Galicie, la Transylvanie, la Slavonie, et presque toute la Croatie.

Ses principaux fleuves sont :

Le *Dniester*, qui traverse la Galicie, et passe à *Sambor*, *Halicz*, *Zalescliki ?*

Le *Danube*, qui prend sa source dans le grand-duché de Bade, et entre en Autriche, à son confluent, avec l'Inn : il arrose, en Autriche, LINTZ, *Ems*, *Krems*, *Korneuburg*, VIENNE ; — en Hongrie, PRESBOURG, *Vieselburg*, *Raab*, *Gran*, BUDE et PESTH ;—en Slavonie, *Vukovar*, PETERWARDEIN, *Semlin ;* — et encore, en Hongrie, à l'extrême frontière de l'empire, *Orsova*. Ce grand fleuve reçoit :

A GAUCHE : — La *March*, qui traverse la Moravie, et sépare l'Autriche de la Hongrie ; elle passe à *Olmutz* et à *Hradisch* : elle reçoit, à droite, la *Thaya*, qui passe à *Znaym*; la Thaya, est grossie par l'*Iglawa*, qui passe à *Iglau*, et qui reçoit à son tour la *Schwarza*, qui arrose BRUNN ; — le *Waag*, qui arrose *Sz-Mikloz*, *Trentschen*, *Léopoldstadt*, et se joint au Danube, près de *Comorn*; — le *Gran*, qui passe près de *Neusohl*, et se jette dans le Danube, vis-à-vis de *Gran*; — l'*Ipoly* ou *Eupel*, qui passe à *Gyarmath* et *Ipoly-Sagh*; — la *Theiss*, grande rivière, qui prend sa source dans les monts Carpathes, et traverse toute la Hongrie, d'abord de l'est à l'ouest, et ensuite du nord au sud; elle passe à *Szigeth*, à *Tokay* et à *Szegedin*; elle est grossie, à droite, par l'*Hernad*, qui passe à IGLO et à *Kaschau*; à gauche, par le *Szamos*, dont la branche occidentale passe à CLAUSENBOURG et à *Dées*; le *Koros*, dont la branche du nord appelée Schebes-Koros, arrose *Gross-Wardein*, et la branche du sud, nommée Feher-Koros, passe à *Boros-Jeno* et à *Gyula*; et par le *Maros*, rivière considérable, qui descend des monts Carpathes, et passe à MAROSVASARHELY, *Carlsburg* et *Mako*; — le *Temes*, qui arrose *Lugot* et *Panesova*; — l'*Aluta*, qui traverse la Transylvanie ; — le *Sereth*; — et le *Pruth*, qui traverse, comme le précédent, la Galicie, et passe à *Kolomea* et *Tschernowitz*.

A DROITE : — Le Danube reçoit :

L'*Iller*, le *Lech* et l'*Iser*, qui prennent seulement leur source dans le Tyrol ; — l'*Inn*, qui vient de la Suisse, et passe à *Imst*, à INSPRUCK et à *Braunau* : il est grossi par la *Salza*, qui arrose SALZBOURG ; — la *Traun*, qui traverse les lacs Alter, et passe à *Wels*; — l'*Enns*, qui arrose *Steger* et *Enns* ; — le *Raab*, qui se jette dans le Danube, près de *Raab* ; — la *Drave*, qui vient du Tyrol, et passe à *Lienz*, *Villach*, *Mahrburg*, *Warasdin* et ESZECK : elle reçoit, à gauche, la *Mur*, qui passe à *Judenburg*, *Bruck* et à GRÆTZ ; — la *Save*, qui descend des montagnes de l'Illyrie, et passe à LAYBACH, AGRAM, *Alt-Gradiska* et *Brod* : la Save est grossie, à droite, par la *Kulpa*, qui passe à *Carlstadt* et à *Petrinia* ; et par l'*Unnacz*, qui sépare une partie de la Croatie de la Turquie.

4° PENTE DE LA MER ADRIATIQUE.

Cette pente embrasse une partie du Tyrol, le royaume Lombard-Vénitien, une partie de l'Illyrie et de la Croatie, et toute la Dalmatie.

Ses fleuves les plus remarquables sont :

Le *Lisonzo*, dans l'Illyrie, qui passe à *Gorizia*, et se jette dans le golfe de Trieste ;

Le *Tagliamento* ; — la *Piave*, qui passe à *Bellune* et à *Feltre* ;

La *Brenta*, qui vient du Tyrol, et passe à VENISE ;

L'*Adige*, qui descend des Alpes tyroliennes, et passe à TRENTE, *Roveredo*, *Verone*, *Legnano* et *Rovigo* ;

Le *Pô*, qui coule de l'ouest à l'est, et passe à *Crémone;* il reçoit :

A GAUCHE. — Le *Tessin*, qui traverse le lac Majeur, sépare le royaume Lombard-Vénitien du Piémont, et passe à *Pavie;* — l'*Adda*, qui passe à *Sondrio*, traverse le lac de Como, et arrose ensuite *Lodi;* — l'*Oglio*, qui traverse le lac d'Iséo; — et le *Mincio*, qui entre dans le lac de Garde, et passe à *Mantoue*.

MONTAGNES.

On peut diviser les montagnes qui se trouvent dans l'empire d'Autriche, en deux vastes systèmes, celui des *Carpathes*, au delà du Danube; et celui des Alpes, en deçà du Danube.

SYSTÈME DES ALPES.

Les Alpes s'étendent dans le royaume Lombard-Vénitien et dans le Tyrol, sous le nom d'*Alpes rhétiennes;* dans le Tyrol, l'Autriche et l'Illyrie, sous le nom d'*Alpes noriques;* elles parcourent le Tyrol et l'Illyrie, sous le nom d'*Alpes carniques;* et sous celui d'*Alpes juliennes*, l'Illyrie et la Croatie. Enfin, elles s'appellent *Alpes dinariques*, dans la Croatie et la Dalmatie.

Dans la Hongrie, une ramification des Alpes noriques prend le nom de *Baconier-Wald*, au nord-ouest du lac Balaton.

Vers l'ouest, dans le Tyrol, une branche secondaire des Alpes rhétiennes, le *Vorarlberg*, va lier, vers les sources du Danube, les deux systèmes des Alpes et des Carpathes.

SYSTÈME DES CARPATHES.

Le cours supérieur de l'Elbe comprend toute la Bohême, et forme un vaste bassin, entouré de l'*Erz-Gebirg*, au nord-ouest ; — du *Bœhmerwald-Gebirg*, au sud-ouest ; — du *Mahrisches-Gebirg*, au sud est ; — et du *Riesen-Gebirg*, au nord-est.

Entre la Hongrie et la Galicie, se trouvent les MONTS CARPATHES, qui s'étendent jusque dans la Transylvanie qu'ils séparent de la Turquie. — Vers l'ouest, cette grande chaîne de montagnes forme une ramification appelée *mont Jablunka* et *petit Carpathe*.

De toutes ces montagnes, le plus haut sommet est l'*Ortler-Spitz*, dans les Alpes rhétiennes : c'est le point culminant de l'empire d'Autriche, et sa hauteur est de 2,010 toises, au-dessus du niveau des mers.

LACS.

Les principaux sont :

Dans le royaume Lombard-Vénitien : — le *lac Majeur ;* — le *lac de Como ;* — le *lac d'Iseo ;* — et le *lac de Garde.*

Dans l'Illyrie : — le *lac Zirhnitzer*, dont

les eaux paraissent et disparaissent alternativement ;

Dans l'Autriche : — les *lacs Alter ;*

Dans la Hongrie : — le *lac Neusiedl*, au sud-est de Vienne, — et le *lac Balaton*, qui est le plus considérable.

Nous pouvons ajouter qu'une partie du grand lac de *Constance*, appartient au *Tyrol.*

CLIMATS.

La chaîne des montagnes méridionales de la Bohême et des monts Carpathes, depuis le confluent de l'Inn jusqu'à la source de l'Aluta ; — et la chaîne des Alpes rhétiennes, carniques, juliennes et dinariques, depuis le Tessin, jusqu'à Cattaro, partagent de l'est à l'ouest tout l'empire d'Autriche, en trois bandes irrégulières et inégales, et y déterminent trois climats généraux, *celui du nord*, *celui du centre* et *celui du sud*.

Dans la région septentrionale, le temps est variable, l'hiver long et rigoureux : on y cultive surtout le *blé* et le *lin*. Les *arbres fruitiers* y prospèrent, mais ni le vin, ni le maïs ne peuvent y réussir.

Dans la région centrale, beaucoup plus étendue que les autres, l'hiver est très-froid, et les chaleurs de l'été très-grandes ; mais le printemps y est doux et l'automne aussi : on y recueille en abondance, des *vins*, du *maïs* et du *blé*.

La région méridionale est généralement très-chaude : l'hiver n'y dure que deux mois. Les *olives*, les *mûriers*, le *riz*, les *oranges* et les *citrons* y prospèrent, et généralement tous les fruits des pays méridionaux.

MINÉRAUX.

L'empire d'Autriche possède un grand nombre de richesses minérales : la Transylvanie produit de l'*or;* la Hongrie, de l'*argent* et du *cuivre;* la Bohême, de l'*étain;* la Styrie et la Transylvanie, du *plomb;* la Styrie et la Lombardie, du *fer;* le *mercure* s'y trouve aussi dans

fluent de l'Inn jusqu'à la source de l'Aluta; — et la chaîne des Alpes rhétiennes, carniques, juliennes et dinariques, depuis le Tessin, jusqu'à Cattaro, partagent de l'est à l'ouest tout l'empire d'Autriche, en trois bandes irrégulières et inégales, et y déterminent trois climats généraux, *celui du nord*, *celui du centre* et *celui du sud*.

Dans la région septentrionale, le temps est variable, l'hiver long et rigoureux : on y cultive surtout le *blé* et le *lin*. Les *arbres fruitiers* y prospèrent, mais ni le vin, ni le maïs ne peuvent y réussir.

Dans la région centrale, beaucoup plus étendue que les autres, l'hiver est très-froid, et les chaleurs de l'été très-grandes; mais le printemps y est doux et l'automne aussi : on y recueille en abondance, des *vins*, du *maïs* et du *blé*.

www.ingramcontent.com/pod-product-compliance
Ingram Content Group UK Ltd.
Pitfield, Milton Keynes, MK11 3LW, UK
UKHW012039240726
13965UKWH00003B/907